創世傳卷一

第一章

元始上帝原造天地。

水之面也。上帝曰光、

遂分光隔暗焉。上帝

上帝遂曰、水中間必

穹若下之水、分穹蒼

夕則接日、爲第二日

旱地、而有如此此也。

帝視之乃善焉。上帝曰地

結實者、內包本仁子、

澳大利亞國家圖書館 編

澳大利亞藏太平天國原刻官書叢刊

中

國家圖書館出版社

中册目録

舊遺詔聖書

卷二——四

太平天國癸好三年（一八五三）刻本

旨准頒行詔書總目

詔書總目

旨准頒行共有十四部

出麥西國傳卷二

第一章

一節夫雅哥伯帶同各人與其妻帑而來也、即來麥西國以色列子之名者如左、二流便、西門、利未、猶大、三以薩迦、西布倫、便雅憫、四但、納大利、迦得、亞沙、五凡人出雅哥伯之腰者共計七十名、乃約色弗已在麥西矣、六且約色弗與諸兄弟並諸該世代俱死矣、七以色列之子蕃滋加添益增、盛強不勝、而盈滿地矣、八於是有不識約色弗之新王在麥西興焉、九謂本民曰、汝看以色列之子民多強過於我也、十莫若詭辦之、恐其倍增、遇有戰時、而合我敵、戰攻我、又十一且出地矣、故此派徭役之監督、以管之、致殖之以苦勞、而建王

之比東喇米西等庫城矣。(十二)但愈屈之愈增、愈添。其則緣以色列
之子憂悶也。(十三)乃麥西人嚴勞以色列之子、(十四)以強勞苦其生、並以
堯泥與諸田務又所勞之各務均係嚴焉。(十五)且麥西国王遂諭希
百來穩婆一名曰十二拉其二名部亞云。(十六)汝助希伯來婦生產、
而看臨盆若男子則殺之若女兒則活可也。(十七)夫穩婆畏上帝不
遵麥西王而保男子之生也。(十八)王遂召穩婆曰因何作此而保男
子之命耶。(十九)且其穩婆奏王曰希伯來婦與麥西婦殊異彼乃爽
快即穩母至以前已經產矣。(二十)故上帝施恩與該穩母但民孳殖、
盛強不勝。(二十一)遇其穩婆祇畏上帝故與之造屋也。(二十二)且王諭飭庶民
云凡所生之子可投諸河但凡女兒保命可也。

第二章

一節當下有利味家人往娶利未女、二彼婦受孕、生子、覩兒乃美貌、藏之連三月矣、三更不能久匿、則取葦箱以吧嘛油和膠塗之、內裝其子、且置之於河濱蘆葦之中。四惟其姐遠站、覘如何行之耶。五於是王之女下來在河沐浴、又其侍婢遊於河濱、適看有箱蘆中、則差婢帶來。六一開而看其兒、卻其孩啼哭、遂體恤之曰、此乃希伯來兒。七其姐便稟王之女云、我將去招希伯來婦之乳母致哺其子、可否。八王之女曰、且往。其童女遂往招是兒之母也。九王之女遂諭之曰、取此嬰去、為我哺乳、而我將賞汝工錢。其婦遂取其兒且育之也。十子既生長、則攜之到王之女、繼為其子也。且曰因

撈之出水中故名之摩西矣〇十一當是日摩西成長則出見兄弟
而觀其勞苦又覩麥西人打希伯來人卽其兄弟之一十二既顧左
右並不見一人則殺麥西人而掩之于沙也十三次日亦出看希伯
來兩人相鬪而對行非者者曰汝緣何打夥計耶十四曰孰立汝爲
帝君臬司管我豈欲殺我如會誅麥西国人耶惟摩西懼曰此
情果然露出〇十五且王風聞此欲殺摩西乃摩西避王之而住米
田地坐附泉焉〇十六夫米田祭司有七女皆來汲水傾滿水槽以飲
父親之羣羊〇十七且有牧者來逐女惟摩西起而助之且飲其羣羊
十八返見父親流耳父曰今日如何早來〇十九曰有麥西人救我脫牧者
之手又代我汲水有足而飲羣羊也〇二十其謂本女曰是人何在因

何遺之、且請之食餅、○廿一夫摩西悅意與是人居焉、且其人以親女
西坡喇嫁之、○二十二其婦遂生子、便稱其名克耳順曰、我曾乃旅在異
域矣、○二十三多日後麥西国王崩、且以色列子因為奴僕焉、且籲、又因
苦勞之呼及上帝矣、●二十四夫上帝俯聽其嘆、上帝又記素與亞伯拉
罕以撒雅哥伯等所立之約、●二十五上帝垂顧以色列子、上帝又注念
之也、

第三章

一節夫摩西替其岳父米田祭司葉羅畏羣羊、遂驅羣羊至野外、何
烈神山、○二且皇上帝之使由叢中之火燄中現焉、遂覩而視其叢
燒以火、並其叢不盡焉、○三且摩西曰、我應轉看此大表、因何其叢

不燒化也[四]且皇上帝鑒摩西轉顧、而上帝則自叢中召之曰摩西摩西歟、曰我在此矣[五]曰切勿近來、蓋爾所佇之所乃聖地故脚脫鞋也[六]又曰、我乃爾祖之上帝、即亞伯拉罕之上帝以撒之上帝、雅哥伯之上帝矣、乃摩西畏覷上帝、故揜本面焉[七]皇上帝又曰、我鑒覽本民在麥西国受苦、又聽其呼苦、因其督廹者、我又知其憂也[八]我方降以救之、脫麥西国人之手、又引之出其地到嘉廣之地、是地內有乳蜜之流也、即是迦南黑族、亞摩哩比哩洗哈死耶布士等族之邦[九]覗哉以色列族之呼及我、我亦鑒麥西人所磨難之之苦矣[一〇]故此今來、我將差爾見王、可率本民以色列族出麥西矣[一一]且摩西稟上帝曰、若前往到王、而率以色列予出麥西、我係誰耶、○十二曰、我果然庇爾、且率民出麥西之後、爾等此山上奉事上帝也、正是我差爾之憑據矣。○十三且摩西謂上帝曰、覩哉、我到以色列子而謂之云、爾祖之上帝差我到爾。其將謂我云、有何名乎、我則必謂之何耶。○十四上帝謂摩西曰、我自在其所在也、又曰、爾可對以色列人如此云、自在者差我到爾矣。○十五上帝又謂摩西曰、汝必謂以色列子如此云、差我到爾者乃皇上帝、即列祖之上帝、正乃亞伯拉罕之上帝、以撒之上帝、雅哥伯之上帝、正是永遠之本名、此係世世之誌也。○十六且往招以色列長老輩、集會、謂之云、皇上帝、即列祖之上帝、正乃亞伯拉罕、以撒、雅哥伯等之上帝、已現與我、云、我已垂顧爾、且鑒與爾所行者在麥西矣、○十七且我已經曰、將率爾出麥西国之難、到迦南、黑族、亞摩哩、比哩洗、哈兎、耶布士等族之地、即乃蜜乳所流之地○十八其遂將聽爾聲、又爾親自並以色列長老輩應見麥西王奏云皇上帝、即希百來族之上帝已逢我、請准我往野外三日之程、以祭我上主皇上帝矣○十九惟我知除非用强手、其麥西国王亦必不准汝往焉也○二十且我將伸本手、而擊麥西国以諸所將行之異蹟矣、嗣後將放爾也○二十一且我令此民在麥西人之眼內將沾恩、則過去時、不得去空也、○二十二乃各婦必向隣女與客寓本家者借銀寶金寶、衣服以此着子女、且刦麥西人也、

第四章

一節摩西答曰、覩哉、其不必肯信我、並不必聽我聲、乃將云皇上帝弗現與汝也。二皇上帝曰、爾手內何耶、曰梃也、三擲之下、其擲之下地、輒化爲蛇、惟摩西避走也。四且皇上帝諭摩西曰、伸手執尾、遂伸手捉之、而手內爲梃焉。五行此、則可信皇上帝、卽其列祖之上帝、亞伯拉罕之上帝、以撒之上帝、雅哥伯之上帝、已現與爾矣。六又皇上帝又謂之曰、插手懷內、拔出視之、竟染痲瘋白如雪矣。七又曰、再插手懷內、方復插手懷內而拔之出懷、視之仍化如本肉也。八遇有不信汝、並不聽先異表之聲、則可信後異表之聲矣。九設有不信此兩件異表、竟不聽爾聲、則將河水傾於乾地、又所將之河水、卽變爲血於旱也。十且摩西謂皇上帝曰、我主、向來從未

與僕講也又因本嘴重又因本舌重我不能言焉○十一皇上帝謂之
曰誰造人口誰造聾瘂見者與瞽者豈非皇上帝乎○十二故今且往
我將䄂爾口且教爾所必言者也○十三曰請我主所要差者亦托此
人之手而遣焉○十四且皇上帝發怒摩西曰利味人亞倫莫非爾兄
乎其能善言是我所知也卻其出來迎爾但看爾即心內喜焉
十五乃汝必謂之言而以言傳其口且我將䄂汝口並其口且教汝
所必行之事也○十六又其爲汝必對民言又其親自爲爾口也然爾
與之爲如神焉○十七爾且手執此棍所以施異蹟者○十八夫摩西遂往回
其岳父葉羅謂之曰請容我返在麥西之兄弟看尚活否且葉
羅謂摩西云安去可也○十九於是皇上帝在米田地謂摩西云昔謀

爾命之人悉已死矣、汝且回麥西○二十摩西遂攜妻與子乘之於驢上、又手執神棍而返麥西地矣○二十一夫皇上帝謂摩西云、汝往歸麥西之時、汝必看致施我所托爾手之諸異表在王前、然我將加硬其心、致不釋其民焉○二十二爾應奏王云、皇上帝如此云、以色列乃我子、即我長子○二十三我諭爾云、放我子去、致事我也、倘不肯釋之、我卻將殺爾子、即爾長子也○二十四且遇在路上於歇處、皇上帝逢而欲殺之○二十五西波喇遂將利石斷子之勢皮、丟之其腳下曰、汝果然係我血夫○二十六遂放之、妻又曰、因斷勢皮之禮、汝果然係血夫也○二十七且皇上帝諭亞倫云、往迎摩西在曠野、遂往迎之在神山而親之也。

二十八惟摩西將所差之皇上帝之諸諭、以及所囑之諸靈蹟、一切述亞倫也。二十九且摩西亞倫等往招以色列族諸長老輩會集。三十惟亞倫將皇上帝所諭摩西之諸言而傳之。並當民前施其異跡。三十一民就信之。既聞皇上帝垂顧以色列族而俯鑒其患難。遂叩頭而拜也。

第五章

一節 嗣後摩西亞倫等進奏王曰。皇上帝以色列之上帝諭云。釋本民可往曠野守本瞻禮矣。二王曰。孰乃皇上帝。致孤聽其聲而放以色列人乎。孤不識皇上帝。亦不肯釋以色列族矣。三曰希百來族之上帝逢我。請准我往野三日之程。而祭我上主皇上帝。以免瘟刀臨我也。四且麥西王謂之曰。爰摩西亞倫等阻民作工。去罷、而苦勞哉、○五王又曰、覩哉、地民蕃庶、卻爾使之罷、能苦勞矣、○六當日王諭飭民之廹主與巡檢云、七嗣後毋仍給禾稈與民以造甎、可往自斂稿也、八因怠惰呼云、容我去祭我上帝、故昔所造之甎課、亦著之完焉、稍不得減也、九可重其人之工、又可以勞之、以免理虛話○十且民之廹主巡檢等遂出來、對民曰、王如此諭云、孤以禾稈不給爾、十一並稍不減爾工、惟汝往且取遍所遇之稈也○十二其民遂散遍麥西国代稈斂莞也○十三且廹主催令之云、必完成爾日課之工、仍昔有稈之時矣、十四遂將王之廹主所派管以色列族之巡檢撻、而向之討云、昨日迄今、何不仍舊成甎課耶、十五維時以色列族之巡檢來籲王云、十六君待臣等如此乎、不以稈給臣等、卻命作甎、

又譴臣等、但此錯在王之民上也。十七曰、爾係懶、爾係惰、故云、准我
往祭皇上帝矣、十八既不供汝以稈、今且往作工、部必交所課之瓦
也、十九因言不可減日課之瓦、故此以色列巡檢自看遭叉、二十離王之
時、則摩西亞倫等對立、且遇之、謂之云、二十一汝在王之眼內與其臣
之眼內、令本香臭也、而以刀交其手、致戮我也、故皇上帝將鑒
辦、二十二摩西遂歸皇上帝曰、主歟、因何害此民、為何差我乎、二十三我自恃
尊名來見王而奏言以後則害此民、而主斷不救本民、

第六章

一皇上帝遂謂摩西曰、汝將見我所行與王也、自郎以強手必釋
之、又以堅手必驅之出其境也。二上帝亦謂摩西云、我乃皇上帝、

三我以全能上帝之名現與亞伯拉罕以撒雅哥伯等、但以本名即爺賀華其未曾知我也、四又與之設約、以賜之所客寓之境、即迦南地也、五麥西人服役以色列族、繇此所有呼籲、我已聽之、又俯念本約也、六故此宜對以色列族曰、我乃皇上帝、我將領爾脫麥西国所載之擔、且援爾出其勞、又伸手大施災而救爾也、○七且我以爾為本民、而我為爾上帝、爾則將知、我乃爾上主皇上帝、領爾脫麥西人所載之擔。○八我乃皇上帝導爾至地、論此地我誓以之賜亞伯拉罕以撒雅哥伯等、而錫汝為業矣。○九且摩西如此傳以色列族、但因神焦酷勞、不聽之也。○十且皇上帝諭摩西曰、爾進奏麥西国王法老、可容以色列族出其境。○十一夫摩西在皇上帝

之前謂云、視哉以色列族不聽我、既無口才、王豈聽我乎、○十三 惟皇
上帝諭示摩西與亞倫等、轉囑以色列族與麥西国王法老、可
率以色列族出麥西地也。○十四 此乃其宗派之首人、即以色列之長
子流便所生之子、乃哈諾、怕路、希斯崙、迦米等、此乃流便之宗
家也。○十五 西門之子乃耳母耳、雅民、阿嗐、耶斤、鑽亞耳、同迦南女所
生之子、沙羅、即是西門之宗家矣。○十六 利未之子依其族派乃革順、
哥哈特、米喇哩、且利未年紀共一百三十七歲矣。○十七 革順之子乃
立尼、同示每、依其宗家也。○十八 哥哈特之子乃暗蘭、以斯哈、希伯崙、
烏泄、且哥哈特之年紀共一百三十三歲矣。○十九 米嘞哩之子乃
馬哈利、母示等、即是利未之宗家、隨其世代也。夫暗蘭娶其姑

約基別即生亞倫摩西等、夫瑞蘭之生紀共一百三十七歲矣〇二十二以斯哈之子乃哥喇尼非斯同西特哩烏淝之子乃米沙耳耳撒反班西特哩等。〇二十三惟亞倫娶拏邀之妹亞米拏撻之女以利沙巴且生拏荅亞庇戶以利亞薩及以大馬〇二十四且哥喇之子乃亞四耳耳迦拏亞比亞撒即是哥喇之宗家矣〇二十五亞倫之子以利亞薩娶部鐵之女、而生非尼亞丕是利未宗家祖之首依其家也〇二十六此乃其亞倫摩西等昔上帝飭令導以色列之族依其羣出麥西国者。〇二十七此人亦奏麥西国王法老以率以色列族出麥西矣、丕是此摩西亞倫等〇二十八適於是曰、皇上帝於麥西地諭摩西〇二十九即皇上帝諭摩西云、我乃皇上帝、我悉所諭汝、必轉奏麥西国法老王。惟

摩西在皇上帝前言云、視哉我無口才、王奚聽我乎、

第七章

一節 皇上帝遂諭摩西云、汝看我置爾為王之魁師、而亞倫為爾通師、〇二 凡我所飭令爾者、汝必言焉、且兄亞倫必奏進王、致放以色列出其境矣、〇三 但我必加硬王心、又多施靈兆神蹟在麥西国也、〇四 惟王不必聽爾、致我置本手在麥西上、而行大僇災、遂領我軍本民、即以色列族出麥西国矣、〇五 適我伸手在麥西国上、而領以色列族出其中間之時、則麥西人必知我乃皇上帝矣、〇六 夫摩西亞倫等所為、是遵照皇上帝之命而行焉也、〇七 奏王之時、摩西有八十歲、而亞倫有八十三歲矣、〇八 夫皇上帝諭摩西亞倫曰、〇九 若王

謂汝云、汝自表神蹟、爾可謂亞倫云、將本棍擲之在王前、輒化蛇矣。○十 且摩西亞倫等遂進覲王、遵皇上帝之命而行焉、且亞倫擲棍在王前、並其臣之前、輒化蛇矣。○十一 王遂召賢人巫師等、卻麥西之覡、以其符咒、仍然行焉、○十二 各將杖擲下而化蛇、但亞倫之棍吞其杖。○十三 然按皇上帝之言、仍加硬王之心、不得聽之。○十四 且皇上帝謂摩西曰、王心乃硬、不肯釋民矣、汝且手執昔所化蛇之棍、且出、而王正出到河之際、汝早前來而立在河邊、俟其來也、○十六 奏云、希百來族之上主皇上帝、差我見王云、放本民往、致事我在野、卻迄今未肯聽矣。○十七 故此皇上帝如此云、視哉、我以手所執之棍、擊河內之水、卽變為血、致爾可知我乃皇上帝矣。○十八 且河內之魚

必斃其河亦臭而麥西人將厭飲河內之水矣○十九且皇上帝諭摩
西云可轉諭亞倫曰將棍伸手于麥西水上即其川上江上其
沼上及諸池水上得化血矣致在石木器於遍麥西國亦爲血
矣○二十夫摩西亞倫等循皇上帝之命而行焉且在王及其臣之面
前舉棍擊河內之水即諸河內之水化血矣○二十一然河內之魚斃其
河亦臭因逼麥西地有血麥西人不能飲其河之水也○二十二惟麥西
之巫師仍然弄術則依皇上帝所先言者王之心加硬益不聽
之○二十三王遂回進宮益不以此留心焉○二十四且諸麥西人不能飲河水故
遶河掘而得水以飲焉○二十五夫皇上帝擊河之後七日滿○二十六皇上帝遂
飭令摩西云汝且詣王奏曰皇上帝如此云必放本民致奉事

二七我也倘不肯放之、我必以蟾蜍擊諸境內、二八而河必多生蟾蜍、匍進王宮、而入臥房上牀、亦亂王臣之府、逼民入爐以及擣餅之器矣。二九又在諸身躬與民連百臣之上、其蟾蜍亦必來也。

第八章

節且皇上帝諭摩西、轉諭亞倫云、汝且伸手連棍、諸川、河、沼上、令蟾蜍郎出來、散在麥西国、亞倫遂伸手在麥西国水上、其蟾蜍郎出來、而覆麥西地。夫其巫師弄術亦作如此、而令蟾蜍上麥西国也。四當下王召摩西、亞倫等曰、可懇求皇上帝致驅蟾蜍離身躬並離本民、且我將放民致祭皇上帝矣。五且摩西遂奏王云、請示臣、在何時必代王並代臣民懇求以絕蟾蜍、離身與宮也、只留之在河內而已。五曰、翌日依爾所言可也、遂得知、像似我上主皇上帝、未之有也。七夫其蟾蜍獨留河內、但必離王宮、百臣民人矣。八且摩西亞倫等別王、而摩西懇籲皇上帝、緣所擾王之蟾蜍、懇求皇上帝。九夫皇上帝行如摩西所言焉、而其蟾蜍在屋、在田在郊遍斃矣。十遂收之堆壘、而地臭也。十一惟王見已經寬除、則依皇上帝先所言者、其心還加硬、並不聽也。十二且皇上帝諭摩西轉諭亞倫伸棍、擊地之塵、致遍麥西国變爲蝨矣。十三兩人遵照、夫亞倫伸手連棍、擊地之塵、遂化爲蝨、在人在獸上、即地之諸塵遍麥西国爲蝨矣。十四惟巫師弄術、欲發蝨、而不能、故此有蝨在人在獸上也。十五當下巫師奏王云、此乃上帝之指、然依皇上帝先所言

者、王之心硬並不聽之矣。十六 且皇上帝諭摩西曰、王出到水濱、汝
且早起而侍王前、奏云、皇上帝卻此諭云、放本民去、以服事我
也。十七 倘若不肯釋本民、我則令蝓蜋著王、連本臣民進屋、又麥西
人之屋、連所在之地、遍滿以蝓蜋。十八 當是日、我將分別本民所居
之坷山地、並無蝓蜋在彼、致爾可知、我乃在地中之皇上帝矣。
十九 且我隔本民離爾民、明日必有此災矣。二十 惟皇上帝仍然行焉、郎
有蝓蜋蕃多、竄入王宮、並臣之府、以及遍麥西国、是地則因蝓
蜋壞也。二十一 王方召摩西亞倫等曰、爾且往於地祭爾上帝可也。二十二 摩
西曰、仍行不宜、我卻所祭我上主皇上帝之物、乃麥西人所惡
者、倘若於其眼前祭麥西人所惡之物、豈不將擊我以石致死

乎。我願前往野外三日路、而遵照所將諭我、祭我上主皇上帝。
二十四 且王遂曰、汝代孤懇求、而寡人將放爾去、致祭爾上主皇上帝在野、止不得遠去。二十五 且摩西曰、視哉我出去、離王而求皇上帝致蝗蝂明日出王並臣民之處矣、幸王再毋哄騙、並不准民前往祭皇上帝矣。二十六 且摩西別王、而求皇上帝。二十七 惟皇上帝依摩西之言而行、且除蝗蝂、離王臣民之處、並不遺一蟲矣。二十八 又於此時王硬心、並不肯放民去矣

第九章

一節 皇上帝遂諭摩西曰、爾應覲奏王云、皇上帝希百來族之上帝、皇上帝如此云、放本民去、致奉事我也。二 倘若不肯放之、尚要拘

三畱之則皇上帝之手將著諸在田畜生之上、而若馬驢駝牛羊
等、致疫癘重流矣。四且皇上帝將別以色列族之畜生離麥西国
人畜生並凡屬以色列族者不得斃矣。五且皇上帝定期日云明
日皇上帝將行此事在地矣。六次日皇上帝行此、且麥西之畜生
皆斃。但以色列族之畜生連一隻無斃矣。七王遂査知以色列族
之畜生竟無一隻斃矣。但王之心發硬不肯釋民去。八皇上帝遂
諭摩西亞倫等曰、可拏灰爐一握、而摩西必當王面撒之向天、
九即變為微塵于遍麥西地、且麥西地遍境人獸身發瘡疥癰疽。
十且兩人拈爐灰侍王面前、且摩西撒之天向、則人獸身發瘡疥
癰疽矣。十一夫巫師與麥西国諸人身上有發瘡、故巫師不擋摩西

不在矣。○十二卽依照皇上帝所先言摩西者、皇上帝加硬王心、並不聽之。○十三皇上帝遂諭摩西云、早起、且侍在王前奏曰、希百來族之上帝皇上帝如此諭云、放本民去致奉事我矣。○十四此時我將降諸禍于爾心、及臣民、致爾可知在全地無像似我也。○十五乃我伸親手、致以瘟疫擊王連民、以絕爾除地矣。○十六且我欲顯本權勢以王致揚本名於普天下、故特立王也。○十七尚抵擋本民、並不肯釋之去。○十八視哉明日於此時、我必降最重雹、自開國至今、於麥西地未有如此也。○十九夫凡人連獸遇在田者、並未避家者、其雹必落、而其必死矣、故此今可收牛羊、以及凡所有在田者。○二十夫王臣中各畏皇上帝之諭者、令獸連僕避家矣。○二十一且凡不顧皇上帝之諭者、卽遺僕

獸兼在田焉○二十二且皇上帝諭摩西曰伸手天向致雹下遍麥西国
著人獸及遍麥西国圃之各草木也○二十三且摩西伸棍天向惟皇上
帝輒發雷雹而火閃於地且皇上帝令雹下於麥西国也○二十四遂有
雹參火甚重自開国以來在遍麥西地未有若此也○二十五夫雹在遍
麥西国悉擊在田之人獸又雹擊圃之各菜而折圃之各樹○二十六止
以色列族所居之坷山地方未有雹也○二十七王遂命召摩西亞倫等
謂之曰此時寡人有罪惟皇上帝乃公義而寡人與本民惡戾
矣○二十八此則足矣卽懇皇上帝免另行雷雹冰而孤願釋汝更不住
也○二十九且摩西奏曰我一出城之時將舒手皇上帝向其雷卽必息
亞更無雹也王則可知其地屬皇上帝矣○三十但王與羣臣未敬畏

上主皇上帝、是我所知也。〇三十一當時大麥有穗、胡麻出花、而大麥與胡麻兼敗、三十二但麥與麩未曾長、故不敗矣。〇三十三且摩西別王以出城、而舒手皇上帝向、而雷雹卽息、雨亦不滴地也。〇三十四夫王看雨雷並止、自己與臣工尤犯罪過、而硬心也。〇三十五卽依皇上帝先所言摩西者、王加硬心、並不肯釋以色列族去矣。

第十章

一節且皇上帝諭摩西曰、我加硬王心與臣工之心、以示其前此我神蹟矣、故進覲王也。〇二則以我所行在麥西之情、並所表其中之靈蹟、傳述子孫之耳、致爾可知如何我乃皇上帝矣。〇三且摩西亞倫等遂進覲奏王曰、希伯來族之上帝皇上帝如此諭云、王不肯自卑我前、欲幾久乎。必放本民去、以奉事我也。(四)倘不肯放本民去、則明日我發蚱蜢到爾境內(五)而覆地面、致不能見土、而食其所乘存雹後還所餘者、又茹在園所生爾之各樹矣、(六)且盈滿王宮與百臣之府、兼諸麥西人之室、自在世之日及於今日、其祖宗所未見者。且摩西轉身別王也。(七)羣臣遂奏王曰、此人拖累我幾久乎、必釋其人去、致奉事其上主皇上帝、曷不知麥西已敗乎。(八)再將摩西亞倫等引回覲王、則曰、可往奉事爾上主皇上帝、但欲往者係誰乎。(九)摩西遂曰、我應守皇上帝之禮、欲攜老帶本子女、並牽羣牛羊俱往。(十)曰、可以皇上帝庇爾、倘孤放爾連幼、慎有殃在爾面前。(十一)不然、乃仍汝所求、長人事皇上帝可也。遂驅兩人出王之面焉。○十二 且皇上帝諭摩西曰、伸手麥西国上、招蝗蚱來麥西地、且茹地之諸草菜、悉後所餘者。○十三 摩西遂伸棍在麥西国上、皇上帝遂令東風終日終夜吹該地上矣、早時東風帶蝗蚱也。○十四 此蝗蚱散遍麥西地、且棲麥西四境、係最害、前時未有此等蝗蚱、而後亦未如此也。○十五 乃覆全地面、致上為黑焉、且茹地之各菜與雹後所存之諸菓實、致通麥西地在樹連在圃之菜中、均不遺青綠也。○十六 王遂輒召摩西亞倫等云、寡人獲罪于爾、連於爾上主皇上帝矣、○十七 今還此次請赦罪、且懇爾上主皇上帝、以免我之死矣。○十八 爾人遂别王、而懇求皇上帝也。○十九 且皇上帝令大西風驟起、驅蝗蚱、而斥之入紅海、致麥西四境內不遺一蝗蚱也。

二十惟皇上帝加硬王心、並不肯釋以色列族去矣。○二十一且皇上帝諭摩西云、伸手向天、致有黑暗在麥西國、即可摸之朦朧。○二十二夫摩西伸手向天、而連三日間遍麥西國有密暗黑矣。○二十三三日內人對面不得相見、但以色列族皆有光在其宅矣。○二十四王遂召摩西曰、爾等可攜子女且往奉事皇上帝、止留汝牛羊也。○二十五且摩西曰、王必以犧牲燔祭交我、以祭我上主皇上帝也。○二十六亦必牽同本畜生、並不留一隻、即以此我必奉事我上主皇上帝、但未至彼以前、亦不知如何宜奉事皇上帝矣。○二十七夫皇上帝加硬王心、並不肯放之去矣。○二十八且王曰、去罷、慎不復見本面、即見本面之日、爾必死矣。○二十九摩西遂曰、善哉言焉、不復見王面。

第十一章

一節夫皇上帝諭摩西云、我還一次降災與王以及麥西、而後放汝去、即釋汝之時、必盡驅逐爾、〇二汝可傳民耳、以容各男對其鄰、又各女對其鄰、借銀寶金寶物件、〇三夫皇上帝令麥西人恩視其民焉、況在王臣之眼內、連在民之眼內、其人摩西爲最重在麥西国也、〇四且摩西云、皇上帝如此曰、半夜我必遊麥西中、〇五凡麥西国之長子必死、自在王位坐上之王子、至磨粉婢妾之長子、兼凡畜生之初生者、〇六方遍麥西国必有哀哭、前未有如此、而後並未如此也、〇七至於以色列諸族連其畜牲者、即犬未得動舌矣、致爾可知皇上帝以麥西人別以色列矣、〇八惟王百臣咸必降來至我、

而伏拜云、汝並跟隨厥民出羅、嗣後我將出、摩西便帶烈怒而
出〇九夫皇上帝謂摩西曰、王必不聽爾、致我在麥西國添增靈蹟
矣〇十夫摩西亞倫等施此諸異蹟在王之面前、乃皇上帝加硬王
心、並不放以色列族出其境也、

第十二章

一節夫皇上帝在麥西國、諭摩西亞倫等云、〇二此月必為爾正月、即年
之月首矣、〇三爾可諭以色列衆會云、是月初十日各人必取羔一
隻、隨祖之家每家一隻羔、〇四若該家以食一羔過少、則隨人口之
數、自連附室之隣取之、但算羔必依人之口食矣、〇五汝羔必須牲
牡、初年生者、或由綿羊或由山羊可取之、〇六可存之、迨及是月之

十四日、臨晚以色列族全會、可宰之也。○七又必將其血在所食之
室、楪諸左右揳及門楣矣。○八是夜將所火炙之肉與無酵餅而吃
之、又加苦菜而食之。○九生或以水烹者、均不可食之、乃必以火炙
而食之、首連腳與臟也。○十毋必迄於次日剩存一件、但於次日所
餘者、必以火焚焉。○十一又必束腰穿鞋、手持杖棍、而如此食之、又必
急吃之、正是皇上帝逾越節之禮。○十二我乃皇上帝、是夜我必巡遊
麥西國、且將麥西地人連獸諸長子盡戮之也、又以麥西国諸
菩薩、我將行審焉。○十三惟此血將爲號、在汝所居之家、○十四且我一看其
血、卽將過爾、適我滅麥西地之際、其災不將及滅爾、故宜誌此
日、歷世代守之、爲皇上帝之瞻禮、又當守此瞻禮爲永例。○十五連七

日汝必食無酵之餅、又於初一日必以酵淨出爾屋、但凡自初
一日至七日食酵餅者、是人必絕除以色列矣、○十六初一日必虔心
集會、又於七日亦必虔心集會、於是日除各人可備所食之外
稍不得行工也、○十七又爾當守無酵餅禮、乃於是日我率爾羣出麥
西國、故當歷代恒守此日爲永例矣、○十八正月是月之十四日晚時、
至本月二十一晚時、宜連食無酵餅也、○十九七日內不必留酵在屋
裡、不論旅客或生在地之人、凡食酵餅者、則必絕是人除以色
列之會中矣、○二十決不可食酵餅、但在諸室內必食無酵餅可也、○二十一摩
西遂招以色列諸長老輩謂之云、爾等隨本家可牽羔提之、且
宰逾禮之犧羔也、○二十二且將牛膝草一束、沉碗內血、又以碗內之血、

必捫兩楔、及兩楣、又待明早、汝中無一人必出本屋之門、○二十三蓋皇上帝將巡遊以擊麥西人、既看其血在楔及在門楣、則皇上帝必將過其門、並不容其剿滅者進爾屋以擊爾也矣、○二十四爾並子孫永必守此禮矣、○二十五遇有至其地、皇上帝依所應許將賜爾者、則必守此事也、○二十六遇爾子問汝、此事何耶、○二十七則可曰、擊麥西民之時、其經過在麥西国以色列族之屋、並救本家、是以此乃皇上帝逾越之祀禮、○二十八夫以色列族遂去而作、即遵皇上帝所諭飭摩西亞倫等而行焉、○二十九適半夜時、皇上帝在麥西国殺諸長子、自坐王位之世子、至監內囚人之長子、並獸之諸初生也、○三十且王與羣臣並庶麥西人夜起、又緣無一家未有屍也、則有哀毀在麥西矣、○三十一是

夜王召摩西亞倫等曰、起來、出本民中、汝自己與以色列族、且
往、如言服事皇上帝可也、○三十二如言亦驅牛羊而去、而祝孤也、○三十三夫麥
西人云、我咸死矣、故催令其民、作速以差之出其境焉、○三十四其民遂
取在麵槽未發之麵糊、包以衣服而負背也、○三十五夫以色列族遵摩
西所言而行焉、卽向麥西國人討銀寶與金寶並衣服也、○三十六且皇
上帝賜民獲恩在麥西人眼內、而討刦麥西人之物也。○三十七夫以
色列族、除嬰兒、有約六十萬人步行、自喇味西境起程、行至蘇
割、○三十八亦有異人之多陪行、又有牛羊畜牲、不勝數也、○三十九緣驅之出麥
西國、並不能遲延、又因不備日糧、故將所有未發帶出麥西之
糊麵而炕爲無酵之餅、○四十夫以色列族居麥西國所寓之時、達四

百三十年○四十一週四百三十年完、適當是日皇上帝之全軍咸出麥西地○四十二因率之出麥西地、故緣皇上帝守是夜、此乃皇上帝之夜、以色列諸族所宜歷代恆守○四十三且皇上帝諭摩西亞倫等云、此乃逾越節之宴例、即異人不可食之○四十四但以銀買之僕、斷勢皮之後、食之可也○四十五異人與傭人並不宜食之○四十六必食之在一家、並毋帶肉出屋外、亦毋拆其骨也○四十七且以色列全會應守之○四十八倘異人共爾寓、又欲遵皇上帝逾越之禮、則必斷各男勢皮、後就來而守之可也、則如在地生之人、但未受斷勢皮之人不可食之也○四十九在家生與投寓之異人、均同一例矣○五十夫以色列族如此作、而遵照皇上帝所諭摩西亞倫等者行焉○五十一當是日、皇上帝率以色列族之羣

出麥西地也

第十三章

一節 且皇上帝諭摩西曰、二 凡以色列族中人連獸開胎初生者皆屬我、而必成聖奉我也、三 且摩西謂民曰、皇上帝以能手率汝出此、是以應誌此日、汝所出麥西國脫奴之宅、並毋食酵餅矣、四 爾所出之日、正是穗月內、五 皇上帝所有發誓與列祖將賜汝以地、其內有乳蜜之流、即引爾進迦南、黑、亞摩里、哈兎、耶布西等族之地、於是汝必守此與禮於是月也、六 連七日間、必食無酵之餅、但於第七日、乃皇上帝之瞻禮也、七 七日內必食無酵之餅、在爾中、毋必見有酵之餅、又毋必見酵在汝諸境內、八 當日可述爾子曰、八昔出麥西之際、因皇上帝所施我者、故行此也。九夫皇上帝以能手、率汝出麥西、是以必銘之手內為號、乃眼內之誌、致皇上帝之律例錄在親口內。十故此每年屆期、必守此典禮矣。十一遇皇上帝按照所誓與爾及與列祖。督汝進僉賜汝以迦南地、十二則必捨皇上帝。凡開胎者、僉所有出牲口之初生者、各男係屬皇上帝矣。十三凡初生之驢、必以羔贖也。但不肯贖之、則必折其頸也、又在汝兒中之各男之長子、亦宜贖也。十四嗣後爾子若問云、此係何事、爾宜語之云、皇上帝以能手率我出麥西脫奴之宅矣。十五遇王居心不肯釋我、所以皇上帝戮在麥西地各長子、卽人之長生、連獸之初生。故此我以各開胎之男、祭皇上帝、乃悉贖本長子矣。十六夫皇上帝以能手率我出麥西是以此爲手上之號服內之經佩也。(一七) 且上帝云其民見戰庶可悔心而歸麥西故王釋民之際上帝不率之由近路由非利士提地也。(一八) 且以色列族排陳而出麥西地而皇上帝率民由野路沿紅海。(一九) 昔約色弗令以色列子發誓言云上帝必垂顧爾等又爾必帶同本骨去故此摩西兼攜其骨骸也。(二十) 且諸民離蘇割而搭營在曠野交界之以添。(二一) 且日間皇上帝前其行乘雲柱以導其路又夜間乘火柱以照之致晝夜行焉矣。(二二) 且所有晝之雲柱與夜之火柱均不移之離其民之前焉

第十四章

一節

且皇上帝諭摩西云○二可傳以色列族必旋搭營在比哈希綠前密奪海之間在巴勒洗分對面在其前必下寨沿海也○三蓋其王將云以色列族迷蕩在地塞於曠野○四且我將加硬王心以追汝我則因王又因其全軍必獲榮焉致麥西人可知我乃皇上帝矣其則行如此也○五時奏麥西王云以色列民逃亡故王與本臣之心怨其民曰因何作此而釋以色列族以免之事我也○六王遂備車而○七督本民且驅特車六百輛并麥西諸車各有武士○八於是以色列族以高手出而皇上帝加硬麥西王法老之心以追以色列族○九且麥西人與王之諸馬並車會同騎兵軍伍追及之正搭營在沿海於比哈希綠巴勒洗分之前○十適王邇來以色列族

衆目看麥西人趕上無不驚駭而以色列族呼籲皇上帝○十一且謂摩西曰在麥西豈無墓乎而率我出致亡于野耶曷率我出麥西国爲何施我如此乎○十二我尚在麥西国莫非如此對爾云容我奉事麥西人寧事麥西人不可死亡于曠野矣○十三且摩西謂其民曰毋懼企望皇上帝今日著救爾等夫今日所看之麥西人永不再覿也○十四夫皇上帝必代爾等打戰惟爾必沉靜也○十五且皇上帝謂摩西曰爲何呼籲我可諭以色列族前往○十六但汝舉棍伸手海上而分之又以色列族必行海中如履旱也○十七我卻將自加硬麥西人之心以趕上我又緣王與其諸軍並其車連騎兵者均必顯彰也○十八但我緣王與軍及其軍馬自顯榮後麥西人方將知我

乃皇上帝矣○十九且以色列營前所行之皇上帝之使移而往後、又
其雲柱自面前移而立後也○二十即來麥西營與以色列營中間彼
有雲陰此有光照夜、致彼此終夜不相近焉○二十一且摩西伸手海上、
皇上帝即令暴東風、終夜吹退海、而以海為旱、而分其水也○二十二且
以色列族在海中、履旱去水在左右為牆也、○二十三且王之諸馬其車
與騎兵、兼麥西人追趕之及海中○二十四適早更時皇上帝由火雲柱
鑒麥西軍、且靡亂麥西軍焉○二十五且脫其車輪、使車難驅、而麥西人
遂曰、皇上帝代之戰焉、而攻麥西人、莫若逃離以色列面○二十六且皇
上帝遂諭摩西云伸手海上、令水回及麥西人、又及其車輛騎
兵○二十七且天發亮時摩西伸手海上、而海仍常退也、且麥西人避水

奔走，但皇上帝驅麥西人海中矣。
○二十八 然其水回流，而覆沒所追及海中之車輛、騎兵、與王之諸軍，靡有孑遺者。
○二十九 但以色列族海中履旱，而其水左右係屬立牆矣。
○三十 是日皇上帝救以色列族脫麥西人之手，惟以色列人看麥西人之屍在海濱。
○三十一 且以色列人觀所行麥西人之大事，其民則畏皇上帝而信皇上帝並其臣摩西矣。

第十五章

一節 於是摩西與以色列族唱此歌頌皇上帝，謂云：皇上帝兮巍巍哉，馬並騎者俱投海中，而我應唱皇上帝。
○二 我所歌頌者，乃上帝也，主係本勢力而救我，又為我上帝，而我揚舉之，主乃本祖之上帝而我必嘆羨之皇上○三帝乃武士、其名乃皇上帝矣、主○四將其王煌權僉其軍均投海中、且其精驍騎沉諸紅海○五猶石落底、而其淵覆之也○六皇上帝之右手剿滅仇矣○七主以高威敗其對頭、主發怒而燬之如蕘焉○八主之鼻氣而驟其水、其濤即侄如堆、其淵在海中凝結矣○九其敵云我將追我將趕之、我將分贓足心我將拔刀而以本手滅之矣○十主一吹風、而海覆之其沉如鉛在浩水之中○十一在諸神中誰像似皇上帝、赫而聖也、嚴肅以揚譽而行異蹟、孰像主乎○十二主伸右手、而地吞之○十三主所救之民慈悲而導也又以力引之到聖宅矣○十四異人類必聽而畏也、居帕利士地者必著懼惶也○十五以東之君皆必惶忙、摩阿伯之英傑必着戰慄矣、迦南諸居民必消也〇十六驚駭必臨之、因其手之巍必戒口猶石矣、待皇上帝之民經過、即主所獲之民經過也〇十七主將導而種之在主之山業、即皇上帝自所造居之處、即主宰親手所備者之聖堂也〇十八皇上帝必永遠延王理〇十九蓋王率車馬並騎兵進海、且皇上帝以海水退及之、惟以色列族通行海中履旱焉〇二十當下賢女亞倫之姐米哩瞎執懷鼓、而諸女亦帶鼓跳舞出而隨之〇二十一且米哩瞎應之云、皇上帝兮巍巍哉、將馬并騎者均投海中〇二十二且摩西導以色列離紅海、出書耳野、野行三日、並不見水〇二十三則到苦泉、因水苦、未能飲在苦泉之水、故稱其名苦泉焉〇二十四民遂怨摩西曰、我等應何飲耶〇二十五其懇籲皇上帝、且皇上帝示之以樹木、一丟之諸水中水就變甘在彼設法度又在彼試之○二十六且謂之云爾等若勤聽順爾上主皇上帝之聲而行其眼內所宜者且聆其律例並守諸其法紀則我係皇上帝爲爾醫生又與麥西凡所降之恙症必不加諸爾焉○二十七遂至以林彼有十二所水泉兼棗樹七十株遂附水寓矣

第十六章

一節　且出麥西後適值二月十五日而○二以色列族全會離以林抵汎之曠野卽係以林西乃山之間矣且以色列族全會於曠野嗟怨摩西亞倫等且以色列族謂之云恨不得以皇上帝之手死於麥西地尙坐近肉壺食餅有足但爾引我進此野以致全會

餓死矣○四且皇上帝謂摩西曰予將自天降餅給汝且其民必出
每日斂日所資矣如此可試若遵本律例而行否○五適第六日則
必備收者即必須以每日所斂者加兩倍也○六且摩西亞倫等謂
以色列諸族曰今晚爾必覺知皇上帝率汝出麥西國也○七汝嗟
怨我乃我係誰乎今已聽汝嗟怨皇上帝而明早汝將觀皇上
帝之榮儀○八且摩西曰汝嗟怨我乃我係誰乎汝不嗟怨我乃反
皇上帝而皇上帝業聞爾所訴之嗟怨且皇上帝暮將賜汝食
肉朝賜餅有足○九且摩西對亞倫曰飭令以色列族全會云皇上
帝已聞爾嗟怨必就來也○十夫亞倫正與以色列族全會言語間
望野而觀皇上帝之榮儀現諸雲內○十一皇上帝遂諭摩西曰○十二我已

國以色列民之怨嗟、爾可告之云、暮必食肉、早可飽餅、則可知、我乃爾上主皇上帝也、○十三 適暮時鵪鶉上來、覆營、朝時露下周營矣、○十四 露消、即在野面細如鱗、細如霜在地、○十五 且以色列族看之、不知係何物、則互相曰、此御何物耶、且摩西謂之曰、此乃皇上帝所給爾食之餅矣、○十六 皇上帝所諭之事、即乃各人隨嘴所食、必收之、每人一升、照在帳戶口之數、各人必斂之也、○十七 且以色列族遵照行焉、而收多少、○十八 且用升量之時、則斂多者無餘、而收少不缺、各人隨嘴食斂、○十九 且摩西諭之曰、無人待朝而存之也、○二十 但其不聽摩西、乃有人留之到明朝、遂生蟲、且臭也、緣此摩西生氣矣、○二十一 且每且各人隨嘴所食收之、且日熱即消也、○二十二 適值第六日、則倍斂餅、

每人二升且其會之諸首領來而報之與摩西也〇二十三夫摩西謂之
曰、皇上帝有云、翌日乃皇上帝之肅之聖安息日、必烘所欲烘、
烹所欲烹、其剩者可貯存至明朝矣〇二十四其則依摩西之諭、待明早、
存之、而不臭、內亦無蟲矣〇二十五且摩西曰、今日食之、今日係皇上帝
之安息日、而今日不能遇之在地也〇二十六可收之六日、聞惟第七日
即乃安息日、未有之也〇二十七適第七日有人出斂、而不着之〇二十八且皇上
帝諭摩西曰、汝不肯守本律例法度幾久乎〇二十九卻皇上帝以安息
日給爾、是以於第六日、錫爾以兩日之餅、各人必於安息日在
本所、並毋容人出其處也〇三十如此於第七日、其民安息矣〇三十一夫以色
列家稱其名曰蔓郎、如甜露係白如芫荽仁、其味如扁餅、調以

蠻也。[三十二]且摩西云、皇上帝所諭之事乃如此、必滿一升、致歷代恒存甜露、則可見我率汝出麥西地之時、所養爾在野之餅也。○[三十三]且摩西諭亞倫曰、將一罐內貯一升甜露、置之皇上帝之前、以存歷代也。○[三十四]且亞倫遵照皇上帝所諭摩西者、裝之法碑之前、以存之。○[三十五]夫以色列族食甜露連四十年、俟抵居民之地、而食甘露、迨及至加南地之境也。○[三十六]夫升者乃斗十分之一矣。

第十七章

[一節]且以色列族全會遵皇上帝之諭、自汛野起、隨程、搭寨於哩非傳、彼無水民所可飲焉、故民與摩西相爭、曰、給我水飲、而摩西謂之曰、奚與我爭耶、曷激試皇上帝乎。[三]在彼其民渴水、而嗟怨

摩西曰、何爲率我出麥西國、令我與子女并牲口、皆渴死耶、○四 惟
摩西懇籲皇上帝云、我以此民何行哉、庶乎將石擊我也、○五 且皇
上帝諭摩西曰、以手執昔所擊河之梲、而偕同以色列長老輩、
當民面前往矣、○六 我卻必趏爾前在何烈磐上、但爾必擊磐、即有
水出、與民飲焉、且摩西在以色列人長老輩之眼內如此行焉、○七
夫因以色列族之爭、又緣激試皇上帝云、皇上帝在我中間否、
故稱其處之名曰試、又曰爭。○八 於是在里非停有亞馬力來戰
與以色列、○九 摩西遂諭約書亞曰、明日我以手執神杖、而立諸山
峯、且汝擇人、出與亞馬力交戰、○十 且約書亞遵摩西之言而行、與
亞馬力交戰、但摩西亞倫戶耳等並上山頂矣、○十一 夫摩西正舉手

出麥西國傳　卷二　第十七章　二十七

之時以色列人勝但垂手之際則亞馬力族勝○十二夫摩西之手重也故將石置之下以便坐也且亞倫戶耳等彼此各邊一人扶其手致其手穩迨及日落也○十三夫約書亞以刀鋒敗亞馬力與其民焉○十四且皇上帝諭摩西曰我將亞馬力之誌除於天下故錄此載書爲誌而置之約書亞耳內○十五且摩西築壇而稱其名曰皇上帝乃本旗○十六曰在上帝之旗有碑記而皇上帝歷代與亞馬力將戰焉

第十八章

一節夫摩西之岳父米田祭司葉羅悉聞上帝所行與摩西及其民以色列且皇上帝率以色列出麥西矣○二摩西之岳父葉羅帶同

昔所差去者之摩西之妻西波喇氏會同其兩子三且摩西云我
昔在異域爲旅矣是以稱其一子之名曰革順○四又曰本父之上
帝救我脫法老王之刀故稱其二子之名曰以利以設○五且摩西
之岳父葉羅帶同妻子至野抵摩西所搭營之附神山○六謂摩西
云岳父葉羅帶同爾妻與兩子就爾○七且摩西出迎岳父伏拜嚫
嘴相問平安後並入帳房也○八且摩西將皇上帝緣以色列所行
與王連麥西人又在路上諸所遭之苦難又皇上帝所救之原
由一切述其岳父也○九夫葉羅因皇上帝悉所施諸嘉與以色列
又救之脫麥西人之手之情均歡喜矣○十且葉羅曰必須讚皇上
帝救爾脫麥西人之手與其王之手又援此民出麥西人之手

也。十一因其逞傲之行、我今知皇上帝超出諸神。十二且摩西之岳父葉
羅遂將焚祭奉祀上帝、且亞倫并以色列長老輩皆來當上帝
之而同摩西岳父食餅矣。○十三次日摩西坐堂審民、而其民自朝
至暮侍摩西之側矣。十四且摩西之岳父旣見悉所行與民、曰汝所
行與民之事何耶、庶民自朝至暮侍側、爲何汝獨坐乎。十五且摩西
謂岳父云、其民就我以問上帝、十六如有案件、則就我、而我在相問
判斷、且布上帝之律例與其法度也。十七且摩西岳父遂曰、爾所作
之事非善也、十八事重、汝獨不能理之、又爾兼其在之民必費神矣。
十九請聽我聲、我將勸議、而上帝將佑爾矣、爾代民申事與上帝、而
將其案件轉呈上帝也、二十且汝以律例法度必教之、而示之以所

必行之路與所宜行之事矣。二十一庶民中必擇能乾畏上帝、誠實惡
賕之人等、而謂之督千、督百、督五十、督十者、二十二其必隨時審民、凡
大案件可轉呈爾、但凡小事自判可也、則汝尤便易、而其必共
同當任焉。二十三但汝作此事、而上帝如此命爾、則可當之、又此庶民
亦可安然歸其處也。二十四且摩西聽其岳父之聲、循諸所言而行焉。
二十五摩西就在諸以色列中選能幹人、立之爲民之首領、或督千、或
督百、或督五十、或督十人、二十六隨時審民、倘有重案、則轉呈摩西、而
各細案自辦焉。二十七且摩西容岳父回、即返本地也、

第十九章

一節適値以色列族出麥西國三月後、於是日到西乃野、二經出唎非

亭至西乃野搭在野、且以色列山前寨也、夫摩西登至上帝而
皇上帝自山上召之曰、如此告耶哥伯之家、且述以色列之族
云、○四爾看我所行與麥西人、如何以神鷹之翼扶爾、又引汝歸我
也、○五夫全地係屬我、如果肯聽本聲、而守本約、則諸国之中、爾必
係本業矣、○六且汝必爲本祭司之国、聖民焉、此乃其言汝所必報
與以色列族也、○七且摩西來招民之長老輩、又以皇上帝所飭之
諸諭傳其當面、○八且庶民齊應云、皇上帝悉所諭者、我肯行焉、且
摩西以民之言覆皇上帝也、○九夫皇上帝諭摩西曰、我卻乘密雲
臨爾、正我與爾言、民可聽聞、又永信汝焉、摩西遂以民之言奏
皇上帝也、○十皇上帝遂諭摩西云、汝且就民、令之今日明日成聖、

而洗衣矣。○十一但於第三日准備，乃於第三日皇上帝當衆民之面，必降臨西乃山焉。○十二爾可設圍杆，禁民云：自慎，毋登山，又毋攏其界。凡攏山者定然受死也。○十三手毋得捫之，若捫必以石擊之，死或刺之，人連獸不得活也。適號筒鳴，就可上山也。○十四摩西即下山，就民而修潔其民，則洗其衣也。○十五又諭民云：待第三日，爾必自備，毋與妻相交。○十六適值第三日早時，有雷電，又密雲蔽山，亦有筒之響勵不勝，致營內庶民戰慄矣。○十七摩西遂率民出營，以迎上帝，而佇於山下。○十八夫皇上帝以火降臨在西乃山，故全山烟霧，其烟騰如爐烟，且全山大震焉。○十九且號筒久響，愈久愈勵，則摩西言，而上帝以聲應之也。○二十夫皇上帝降臨西乃山，而在山之峯，而皇上帝召摩西上山頂、而摩西遂上也○二十一皇上帝諭摩西曰、下去、禁民、恐有闖越、至皇上帝觀望、而人多亡沒矣○二十二所有就皇上帝之祭司亦必自潔、恐皇上帝衝之也○二十三且摩西謂皇上帝曰、主諭修潔、而圍遶其山、故此其民不能登西乃山來也○二十四且皇上帝諭之云、且下去、帶同亞倫上來、並毋准祭司與民闖越到皇上帝、恐衝之也○二十五摩西遂下就民、與之言語矣

第二十章

一節 且皇上帝諭此諸言曰○二我乃皇上帝爾上主、率爾出麥西地、脫奴宅矣○三毋在本面崇異神焉○四毋自作偶塑、與凡偶像、彷彿天上或地下或地下之水內之物件也、○五毋伏拜、並毋奉事之、卽皇上

帝爾上主乃烈氣之上帝如有恨我者之災○七則討其咎向三四
代之子也○六但愛我而守本律者我施恩與子者毋瀆稱汝上主
皇上帝之名夫皇上帝無不罪妄稱其名者○八必記安息日以成
聖之○九六日之間可勞而作諸工○十但第七日乃爾上主皇上帝之
安息日於是爾已連子女僕婢牲口與門內之客俱不可作何
工也○十一夫六日內皇上帝造天地又造海與所載之萬物而於第
七日安息故皇上帝稱祝安息日而成聖之也○十二孝敬父母則可
遐齡在皇上帝爾上主所賜之地矣○十三勿殺○十四勿姦○十五毋偷○十六毋對他人
誣證○十七毋貪他人之屋毋貪他人之妻僕婢牛驢與凡他人所有
者也○十八且庶民見雷電筒嚮山烟其民一看之則移遷遠立○十九謂摩

西曰汝與我講而我將聽焉、但上帝毋與我講恐我死矣。○二十 且摩西謂其民曰蓋上帝來試爾等、致其敬畏之情在汝眼前、致爾毋犯罪也○二十一 且民遠立、惟摩西就上帝所在之暗地矣○二十二 且皇上帝諭摩西曰爾如此必言以色列族云、爾見我自天諭爾也○二十三 毋其我造銀像、毋自作金像也○二十四 且築土壇、在其上可設本焚祭並謝祀與牛羊等犧、但在普處我誌本名者、我亦將照臨而祝汝○二十五 倘欲築石壇、毋用劖石而造之、乃以起鑿汝侮污之也○二十六 又毋由階升本壇、免在其上身裸露也

第二十一章

一節 其前所必設之法度如左○二 若販希百來僕、則連六年必事、惟於

第七年必徒然釋之出去○三僕單身而入、必單身而出、若有妻則
其妻亦必偕之出也○四倘家主以妻嫁之、其已生子女僕則獨出、
惟妻子歸家主也、○五若僕明言我愛本主妻子、並不願釋出○六其主
遂必帶之到憲臺、攜之至門、或在楣、且其主必以錐鑽耳、則必
恒事之也●七人若賣女爲婢、則不可出、如僕焉○八設在主之眼內係
醜、雖已聘之、則贖之可也、但因詐待之、自無權以賣之與異民、
九如聘之與本子、則必如女樣待之○十倘另娶他妻、則毋得減去糧
衣交房等也●十一若以此三件不施之、則徒然並無銀而出也○十二撻人
死一完死罪●十三若非埋伏、乃上帝交之與其手、吾則必以避之處
定也●十四倘若固意詭殺他人、則捉之在本壇致死可也○十五擊父母者

必定死罪。十六拐賣人而遇是人在其手內則必定死罪。十七咒咀父母
者定必致死也。十八若兩人鬬毆、或石擊、拳打而不死、只臥床。十九乃起
而倚杖出外而行、則擊之者無罪、只賠其失之時、且醫痊之也、
二十人若以杖撻僕婢、致死其手下、則必報應焉。二十一倘連日不死則因
錢販之者免罪矣。二十二人若相鬬毆擊妊婦下胎、而不受害、則據該
婦之丈夫所定罰銀、呈繳官憲。二十三倘受害則以命償命、二十四眼償眼、齒
償齒、手償手、腳償腳也、二十五燒償燒、𤻲償𤻲、擊償擊。二十六人如擊奴之眼、
或婢之眼、致壞之、則緣其目必釋之。二十七倘擊出奴之齒、或婢之齒、
則爲其齒必放之。二十八牛若觸男女致死、該牛必以石擊死、而不食
其肉也、但其牛之主無罪矣。二十九即該牛若向來仍觸人、又報之與

牛主、而其不防之、但殺男女、則必以石擊牛、其主亦必死矣、然
定赦辜之錢、則按悉所定者、必捐以贖其命也、若觸子、或觸女、
必按此例辦之、牛若觸奴婢、則必以銀三十兩給其主、而以石
擊牛死、人若開坑掘井、並不蓋之、致牛驢陷其中、其井之主則
必償銀與主、而賠還畜生、惟其屍必歸己、若人之牛觸別人之
牛致死、則宜賣生牛、將銀均分、亦分其屍也、倘素知牛素觸而
其牛主不防之、則當以牛償牛、而其屍歸己矣

第二十二章

人若偷牛羊、或屠、或賣之、則代一隻牛、必賠五牛、又代一隻羊、
必賠四羊矣、遇賊正鑿墻、而擊之致死、則無死罪矣、若日已起、

則係死罪、但其賊必全補其贓也、如無業、遂因偷竊賣之、可也。

若見其偷物、不拘牛羊驢等、尚活偕之、則必還之兩倍也、人若盡喂田與、葡萄園、而牽畜牲以喂他人之田、則必以最嘉田產、及以最嘉葡萄園之產、賠還也、若起火、著棘、延焚禾堆、稻與田、則其燒者、必賠補被燒物也、人若以銀錢物件、托友代守、若搶之由該人之家、而捉其賊者、則必補還之二倍矣、但拏賊不著、則必帶屋主赴憲、查以本手押他人之業否、凡愆案、不論牛羊、驢、衣服、諸般失物、而他人討之、如本物、則將兩者之案、呈憲、且憲所擬斷之人、必倍償他也、人若以驢牛、羊各畜等、托代守、且是畜或死、或傷、或驅、並無人見之、則二人間可指皇上帝發誓云、未以手奪友之物、則其物主必忍之並無補還也。〇十二倘若賊刦之、則必還之與其主也。〇十三如拖碎、則必立憑據並不以所拖碎者賠償也。〇十四人若借友之畜生、或傷或死、而其畜主不同在、則必賠償之也。〇十五但畜主同在、則不須賠償之、若僱之、則因僱錢來也。〇十六人若誘未聘之閨女而與之苟合、則必娶之為其妻矣。〇十七倘其父斷不肯嫁之、則依閨女奩之資料銀焉。〇十八毋容巫活也。〇十九凡與獸交合者、必定死也。〇二十除非獨皇上帝而祭神明者、必絕滅矣。〇二十一汝昔係旅在麥西地、故毋擾迫異人也。〇二十二各寡婦、孤子、均毋勒索。〇二十三倘若勒索之、而其籲告我者、我則應其籲告也。〇二十四且我必烈怒爾、又以刀將誅爾、又爾妻子將為寡、汝子將為孤也。〇二十五若其汝所任之本貧民借銀毋濫索息並毋討利錢焉、○二十六若取他人之衣為當、則必在日落以前交之回也○二十七正是其蔽體之衣、其膚之袍、此內所寢也、夫我慈悲、遇有其懇籲、我將應之○二十八毋瀆官憲、勿詛民長也○二十九凡汝穀酒之盛、毋得存留、汝子之長者歸我也○三十以牛羊亦必行如此也、其子偕母必住七日、但於第八日必撿之與我也○三十一爾當為本聖人故勿食在野獸所摧碎之肉、乃投之諸犬也

第二十三章

節一毋播假聞、勿合手與惡人、以為妄證也○二毋隨眾之惡獎、有認立證毋狥眾者偏縱○三以貧之訟案、亦毋狥私矣○四若遭敵之牛驢奔蕩則牽之回○五若見爾讐之驢負擔墮地、又爾止遺之、而共之必

哲枉〇六貧有訟毋必徇審〇七我不以惡案爲義是以必遠假件並毋
殺無辜之義人〇八毋收賄賂乃其賄盲見者而曲義者之言焉〇九汝
昔在麥西國爲旅又知旅人之心故毋勒索旅矣〇十六年間可種
田而收其土産〇十一惟於第七載可遺田閒致爾民中之貧人食之
尚有存則野獸可食與橄欖園葡萄園必行亦然〇十二六日間可作
工惟於第七日必安歇致牛驢可息而奴婢異人等逸恬〇十三凡我
所論汝者必守也以異神之名毋記並毋以嘴題起矣〇十四每年三
次宜守我瞻禮〇十五於穗月屆期汝出麥西之際必守無酵之瞻而
遵諭必七日內食無酵餅但爾覲本而之時毋得空來也〇十六又爾
所行所有種田結實之初節其穡之瞻禮與收汝田産後在月

底之穫瞻禮矣、每年三次、汝凡男宜趨主宰皇上帝之前。○十八以犧血與酵祭毋並祭也、且本禮宴之脂、不必待早留也。○十九最先田產之初實、必帶進爾上主皇上帝之殿、勿烹羊羔在母之乳、○二十覩哉、我差天使在爾面前、致路上護爾、又導爾至我所定之處。○二十一吾本名在其內、並不赦汝愆、故當慎其面、並遵其聲。○二十二如果循其聲而遵行、悉我所諭者、我則必為爾敵之敵、爾讐之讐也。○二十三夫本天使必在爾前行、又導爾至阿摩利、黑比、呷西、迦南、哈尨、耶布士等族之地、而我將滅之。○二十四汝毋伏拜、毋奉事其神等、又毋效其作為、乃必傾倒而盡壞其神像也。○二十五但爾必奉事爾上主皇上帝、其則將祝爾糧與水、且我將除諸病在爾中也。○二十六又在爾境內必無墮胎、石胎者、而我將滿爾壽之日數也、爾前我將著震驚、又令所至之諸國戰慄、又令汝諸敵背走也、(二十八)爾前我亦必使大蜂前驅哈味、迦南、黑等族離爾前也、(二十九)但在一年間、我不必盡逐之、免地荒、而野獸蕃滋也、(三十)但漸漸必在爾前逐之、待爾興旺而據其地也、(三十一)我則將定爾境界、自紅海至地中海、又從曠野至大河矣、夫我將付居民與爾手、致逐之爾前也、(三十二)並毋與其人、又毋與其神必結約矣、(三十三)勿容之留住爾地、恐誘爾犯罪于我、汝若服事其神等、則必陷諸圈套也

第二十四章

(一節)上帝遂諭摩西曰、爾暨同亞倫、拏答、亞庇戶等、並以色列長老、

七十名俱上來赴皇上帝、遠立崇拜也。〇二獨摩西可近皇上帝、其
餘不得近前、其民亦不陪之上山也。〇三摩西遂來將皇上帝諸諭
與諸法度遍傳民焉、且庶民齊聲應答云、皇上帝悉所諭者、我
將遵行焉。〇四且摩西繕皇上帝之諸諭、次日早起、在山腳築壇、而
按以色列族十二宗之數、派建十二柱也。〇五且差以色列族之少
年等、將犧牛焚祭而謝祀皇上帝也。〇六且摩西取血一半、斟盤、又
以血一半灑在壇上。〇七又將其盟書誦民耳聽、僉曰、凡皇上帝所
諭者、我肯遵行焉。〇八摩西遂取血灑民曰、視識皇上帝按此諸諭
與爾所結約之血、正乃此也。〇九且摩西、亞倫、拏答、亞庇戶等、及以
色列族之長老七十位、咸上山去、而瞻以色列族之上帝、而其

足下有如煇碧玉狀像似天之昊、○十一但其不伸其手及以色列族
邊、遂覲上帝而飲食矣。○十二皇上上帝遂諭摩西云、可上山就我而在
彼、且我將賜汝以我所繕之石碑律例法度、致爾可訓之也、○十三摩
西遂與本臣約書亞起來、惟摩西自登神山、○十四對長老輩曰、爾
可在此、待我回來就爾、卻有亞倫戶耳等偕爾人、若有訟事、可
赴之也。○十五摩西遂上山時、有雲蔽其山也、○十六皇上帝之榮儀存在西
乃山上、而雲蔽之連六日、但於第七日召摩西自雲中。○十七夫皇上
帝之榮光、像似火焚於山頂、在以色列族之眼內、○十八且摩西上山
而來雲中、夫摩西連四旬日與四旬夜任其山也

第二十五章

且皇上帝諭摩西云、轉諭以色列族、可獻禮物、又由凡人甘心二而奉之者可收本禮物也。三所必取之禮物、乃金、銀、銅、四藍青、紅絳等色、幼布、並羊毛。五紅羊皮、芝蔴貂皮、皂莢木、燈油、及傳六之香油、與香料以焚之也。七璧玉與嵌在公服胷牌之玉也。八其必造聖堂、致我居其中也。九凡依我所示爾其帳堂之模樣、與其各器之式、爾可遵照作也。十可作皂莢木之箱、其長二尺有半、廣尺半、其高亦尺半也。十一必鑲之以精金、而內外必鑲之、其上周作金邊、必鑄四金環、以釘之在四角、此邊有四環、彼邊亦有四環也。十二亦可作皂莢木杠、且鑲之以金焉。十三且貫杠箱邊環中、以擔其箱也。十四其杠必穿環中、並不可拉出也。十五可將我所給之律例、裝諸箱內、十六亦可以精金作恩座、長二尺半、濶一尺半、○十八又在恩座之兩邊做鏇工而作兩靈仙之像、○十九則其靈仙像在此邊、而他靈像在彼邊、而必貼之在恩座之兩邊。○二十其靈仙可高展其翼、以其翼覆其恩座、兩面相對、而其靈仙必面望向恩座也。○二十一在箱上可按其恩座、箱內可裝我所將給爾之法紀矣。○二十二自恩座上、在法紀箱上之兩靈仙像之間、我將遇爾、與爾示言、凡我悉所論爾者、以傳以色列族也。○二十三爾亦可作皂莢木之桌、長二尺、濶一尺、高尺半、○二十四以精金鑲之、周作金邊。○二十五四面可作掌濶之傍、周傍作金邊、○二十六並鑄四金環、釘在四脚之稜、○二十七其環可對傍、以穿杠而擡其桌矣。○二十八其杠可作以皂莢木、以金鑲之、以便擡箱也。○二十九可用精金作盤、碗、齍、樻、以奠酒也。○三十棹

上常必設我前當面之餅。三十一亦將輪車拉成精金燈臺、其筒、其枝、
其盞、其節、其花必出彼矣。三十二其旁必出六枝、在燈臺此邊三枝而
在燈臺之彼邊三枝矣。三十三此枝有盞似杏仁、帶一蕊一花、彼枝亦
有盞似杏仁帶一蕊一花、其六枝出燈臺者亦然。三十四燈臺中亦必
有四盞像如杏仁、各帶蕊花。三十五每二枝下有一蕊、又每二枝下有
一蕊、又每一枝下有一蕊、依燈臺所出之六枝矣。三十六其蕊其枝皆
必同一作以車輪拉成之精金。三十七亦可作七燈、以燃其燈、以照光
對面。三十八燭剪與剪盤、俱以精金爲之。三十九用一千五百兩精金而造之
與其各器。四十爾須謹慎造之、照所示汝在山之式矣。

第二十六章

節 且以葡青紅絳等色、及幼布作帳堂與幔十張、其上必刺繡靈
仙之像。二 每帳幔長二丈八尺、濶四尺、各帳均齊量也。三 每五帳相
連合一、另有五帳必連合矣。四 可用葡青綠作紐口、於帳邊聯絡
之處、次帳合邊相連之處亦然。五 一帳內可作紐口五十、其次帳
邊連接處、亦作紐口五十、致紐口相接也。六 又作五十金鈎、以此
鈎連扣諸帳、且成一帳堂也。七 亦以羊毛作帳、卽作十一帳幔、以
蓋帳堂也。八 各幔必長三丈、濶四尺、共十一幔均一式量矣。九 五幔
可相聯合一、六幔亦相聯合、且第六幔可爲雙復、在堂之前也。十
十一 於外幔邊可作五十紐口、在其連接處之外幔、另五十紐口在
接次幔之帳。十二 又必作五十銅鈎、以扣其紐口、則聯爲帳堂也。所

有存其幔之餘、即所剩之半幔、必懸垂堂後○十三帳幔之餘長者、每邊一尺、可懸垂在堂之兩邊以蓋之也。○十四又可造染紅羊皮爲幬、在堂上而○十六必有芝蘇貂皮之幬、在其上面馬○十五爾當以皂莢木爲板建立成堂、每板長一丈、闊尺○十七半、每板必有二準相對、如是作宅之各板、以爲建堂之用○十八必作其帳堂之板、南邊南向立二十板○十九必作二十板、下之二十銀墩、即每板之杷下二墩、而他板之杷下亦二墩也○二十二十在帳堂之二邊在北、自必有二十板○二十一每板二墩、每板二墩、必有四十銀墩○二十二在帳堂之邊西向必作六板○二十三連帳堂兩邊角、可作兩板○二十四必連之自下、亦在首上、必連之在同一環焉、如此其兩者即於兩角也○二十五必有八塊板兼其銀墩、此必有十六墩、二墩在一板下、又二墩在一板下也。○二十六爾可用皂莢木作門、即五件與帳房之一邊、○二十七又五門與帳房之他邊西向兩邊、○二十八板中之橫門可延自一邊至他邊。○二十九其板可鑲以金、而鑄金鐶於貫門也、其門亦必鑲金也。○三十汝應建其帳堂、按我示汝在山上之式矣。○三十一爾可用葡青、紅絳等色及細織之紡布、刺繡簾、亦加之仙像也。○三十二且懸之于四條鑲金之皂莢木柱、亦有金鈎在四銀墩。○三十三汝可懸之簾鈎上、而將法箱而裝之、此簾內可分聖所隔至聖之處矣。○三十四置恩座於法箱上在至聖之處也。○三十五簾外必排其棹也、南向在帳堂之邊、棹之對面可設其燈臺、而其棹可排在北邊焉。○三十六爾可以葡青紅絳等色及細織紡布刺繡作帳之門幃也、○三十七亦用皂莢木

而作帳幔之柱五條以金鑲之其鉤亦必金又鑄五件銅墩也

第二十七章

一節且用皂莢木作壇長五尺闊五尺高三尺其壇必四方也○二壇之
四隅可作四角其角同料而鑲之以銅也○三亦可作盛灰之盤兼
其鍪盂釜鍋各器一切用銅而造之○四亦可作銅羅網在其網之
四隅可釘四銅鐶焉○五在周壇之下接之致此網及壇中也○六又可
造壇之杠即皂莢木之杠又以銅鑲之○七以杠穿鐶內致於壇之
兩旁有其杠致抬之也○八遵照示爾在山上亦必作之造板而內
係空也○九亦必造其帳堂之南向院在南邊用細織之布幔長十
丈在一邊焉○十其二十柱與其二十墩均必係銅也但柱之釘與

其條並必係銀焉○十一北向之長亦懸十丈之幔其二十條柱其二十銅墩其柱之釘與其條必係銀焉○十二院之濶西向亦懸五丈之幔必有十柱十墩○十三東邊東向其院濶之五丈○十四在此邊其幔長一丈五尺其柱三其墩亦三○十五在彼邊亦必有幔長一丈五尺三柱亦三墩也○十六懸二丈長之帳幔為院之門以藍青紅絳等色用幼布可繡刺之亦有四柱與四墩也○十七周院之柱必加銀釘其銀鈎其墩銅也○十八院之長十丈濶遍五丈高五尺乃幼布但其墩係銅也○十九帳堂內所需用諸般之器具與其釘並院之釘類俱係銅也

二十爾應諭飭以色列族帶來清擣之橄欖油發光致燈常燃○二十一在法箱前于簾外會堂中亞倫與其子宜整之自早至暮在皇上

帝面前此乃以色列族之歷代永例矣

第二十八章

一節 以色列族中爾可取兄亞倫與其子即亞倫與亞倫之子拿答亞庇戶以利亞薩以大馬等而爲本祭司矣〇二 亦可製兄亞倫之聖衣均爲榮煇〇三 且諭諸巧捷人也我所滿於智神者可縫亞倫之衣以拜契供祭司之職〇四 所縫之衣如左胸牌公服袍斑斕裳頭帕與紳帶等必製兄亞倫與其子之聖衣以爲本祭司〇五 可取葡青紅絳等色及幼布〇六 可用金葡青紅絳等色及細織之幼布以刺繡以製其公服也〇七 兩肩上之布邊可互合如是相連可也其公服上之紳必同然製即以金葡青紅絳等色及細織之幼

布爲之爾○九可將璧玉二方上刻以色列族之名○十按其宗其六
名於一塊其餘另在一塊也○十一以彫玉匠刻印可刻於兩塊玉以
以色列族之名而嵌之於金窩○十二而將兩塊玉而排之在公服之
肩且亞倫必帶其名在兩肩上在皇上帝之面○十三亦必作金窩也
○十四又在其末必辮精金鏈又以其辮鏈聯其窩也○十五其審之胸牌刺
繡按製公服用金藍青紅絳各色以細織紡布而作之也○十六必係
雙復四方長一手探濶一手探○十七其中可嵌玉即玉四帶首帶紅
玉金色玉葱玉○十八第二帶璸瑤青玉璸石○十九第三帶瑰瑋瑪瑙紫玉
○二十第四帶綠玉璧玉碧玉等嵌於金窩中○二十一在此玉上必有以色列
族之十二名按照其名如印之刻各塊之名循照十二宗派也

二十二 必用精金而辮分鏈、且貼之在胸牌之末也、二十三 亦用金作胸牌之
環兩件、且貼其兩環在胸牌之兩邊、二十四 且將該金辮物而穿之在
胸牌邊之兩環也、二十五 又將該兩辮物末、而貼之兩窩內、且加之在
公服之肩塊之前、二十六 而用金作兩環、而貼之在胸牌邊兩末者、即
在其公服內之邊也、二十七 另必作二金環、且貼之在公服兩邊下向
前於他相連之對、而在公服之紳上也、二十八 則將其胸牌之環、而貼
之以蒲青帶在公服之環在公服之紳上、致其胸牌不解出其
公服也、二十九 而亞倫在審之胸牌上、必帶以色列族之名在諸心也、
而進聖處之時、恒有在皇上帝前之誌記矣、三十 夫在審胸牌之上、
必插光誠之號、即亞倫來上帝之而前、必帶之心上、而亞倫在

本心上將恒帶以色列族之正義在皇上帝之面前○三一必用葡青之布而製全公服之襟襟也○三二首上中間必有孔而周在此孔必有織邊如甲衣致不破也○三三而在其邊下必用葡青紅絳細布與石榴像於周邊也而其中間周必賠金鈴也○三四而在其甲衣周邊有金鈴亦必有石榴像有金鈴亦有石榴像○三五而亞倫於奉事之時必著之則赴皇上帝之前進出聖處之際可聽其響而免死矣○三六必將精金一扁在上如符印之刻劃云聖在皇上帝矣○三七必加葡青之線而貼之在首帕即在首帕之前○三八且戴之在亞倫之額而亞倫方帶以色列族所捨之聖物○三九即其諸聖禮之罪但必恒戴之於額致在皇上帝前可取接之其細布之袍必刺繡也亦

用細布而製其首帕、又製紳必用彩華之物、〇四十與亞倫之子必作袍、爲之亦必製紳、又與之亦必作綾頭布、雍榮輝也、〇四十一將此著家見亞倫與其子也、又傅之以油派、調聖之、以便當祭司之職、〇四十二爲之亦必製麻褲自腰及腿、以遮裸身、〇四十三且正進會堂、或聖處奉事之時近壇則亞倫與其子必並著之、致免干愆死亡、此乃後世歷來永例矣

第二十九章

節倘願聖之、爲本祭司、必行此事、即牽牛子一隻、犢與羝兩隻兼牲焉、〇二必用麥粉而製無酵之餅、並調油無酵之饅、並無酵抹以油之薄餅、〇三裝之一籃內、牽該犢與羝二隻、而帶之在籃內、〇四即帶

同亞倫與其子、兼就會堂之門、彼必以水洗之也。[五]則將其袍與公服之甲衣、連公服並胸牌等衣服、著亞倫、而束之以公服之彩帶也。[六]又以首帕戴首、其上貼聖旒。[七]卽用傅之香油、盛之其首上、而傅之也。[八]又帶其子就、近而以袍穿之。[九]且亞倫與其子兼必束以紳、又絞頭包、且調派亞倫與其子、以充祭司之職永爲例矣。[十]卽牽牛一隻、至會堂之前、則亞倫與其子、必按手在牛之首上也。[十一]於皇上帝之前、在會堂之門傍、必宰其牛也、[十二]遂以指將其牛之血、而抹之壇角之上、但諸血必傾在壇之基也。[十三]卽將遮臟之諸脂、與其肝塊、其兩腎、其上之膏咸燒在壇上。[十四]此乃罪之祀矣、夫其牛之肉皮糞等、一切必在營外、以火燒也。[十五]又必牽羝一隻夫亞倫與其子必將手按之在羝首上、○十六便宰其羝而將其血周灑之在壇焉。○十七是羝切碎、而洗其臟與其腳、而排之在其塊、並在其頭也。○十八此乃皇上帝之焚祭、馨香即皇上帝之火、故以全羝焚在壇上。○十九另必牽其他羝、又亞倫與其子必以本手按其首上也。○二十遂可宰其羝、取其血、而抹之在亞倫之右耳皺、並在其子之右耳之皺、又在右手之拇、又在右腳之指、而以血灑於周壇也。○二十一方取在壇上之血、與傅之香油、兼灑諸亞倫、暨其衣服、與諸其子、連本子之衣服、則自與衣、暨其子與子之衣一均成聖也。○二十二此乃供職之羝、故必取是羝之脂、尾、及其肥尾與所遮臟之膏、脊連其肝之塊、並兩腎與其上之脂、兼右肩也。○二十三另取由皇上帝前裝無酵餅之籃、一塊油餅與一塊薄餅、○二十四悉將交亞倫之手與其子之手、此乃皇上帝前之搖祀、故必搖此物也、○二十五再由其手接之而爲焚祀、在壇上爇之、卽乃皇上帝前之燻香、此乃皇上帝之火也、○二十六又將亞倫供職羝之胸而搖之、乃皇上帝前之搖祀、正是屬爾之分也、○二十七亞倫並其子供職羝犧之所有搖舉者、其搖祀之胸、與舉祀之肩、一切必成聖焉、○二十八卽以色列族以此物歸亞倫及其子孫永例矣、正乃搖祀、乃以色列之搖祀、卽其謝祀之祭以舉奉皇上帝也、○二十九而亞倫之聖衣、必歸其後之子、致在由傳而調派之時着之也、○三十且代之爲祭之子、適進會堂以事在聖處之時、必連七日穿此衣矣、○三十一必取其供職之羝犧、而烹其肉在聖處也○三十二所有在會堂門旁之瓶內、與在篋內之餅、亞倫三十三並其子必食矣○三十四所用在供職以成聖、以贖之物均必食也、乃係聖物、並異人毋得食之哉○三十五悉遵照我所諭汝必行與亞倫及其子也、連七日必行其供職之禮○三十六每日必將牛犢一隻、而設之爲罪祭以贖之也、贖後必凈其壇、以油傅而成聖也○三十七連七日必爲其壇之贖成聖之、爲至聖之壇、凡摸之者、亦必成聖焉○三十八所必設在壇上、乃每日恒用初年羔犧二隻○三十九一羔早祭、一羔晚祭矣○四十必將麵粉十分之一、調與擣油一升之四分、與酒一升之四分、以爲灌奠焉、而加之與一羔也○四十一且將他羔晚時祭之、遵照早之饌祭、撥其奠者亦必行之也、爲熏香皇上帝之火也○四十二歷代必恒設此焚祭、在會堂之門、於皇上帝前、彼我將遇爾、互相敘也、○四十三彼亦遇以色列族、而成聖其帳堂、以本榮儀矣、○四十四且我將以會堂並以其壇成聖、亦以亞倫並其子成聖、以爲本祭司、○四十五且我將駐以色列族中、而爲其上帝也、○四十六我乃其上主皇上帝矣、而是人可知我乃率已出麥西國之上主皇上帝、致我駐其中也、

第三十章

一節必築壇、以其上焚香、而用皂莢木而造之也、○二長一尺、濶一尺、必爲四方、其高二尺、其角一樣、○三其上與周邊、其角均必鑲以精金、周作金邊也、○四邊下必貼兩金環、在兩角而作之、附兩旁、即係擔扛之處也、○五用皂莢木而作其扛、而鑲之以金焉、○六即必按之附法

箱之幔帳之前、卽我所將遇爾之處、在法箱上、恩座之前焉。七夫亞倫每朝其上、必焚薰香、正修燈之時、亦必其上焚香也。八且亞倫晚時燃燈之時、亦必焚香、係歷代恆薰在皇上帝之前。九在彼毋祭異香、饌祀等、命毋灌奠其上也。十此在皇上帝係至聖也、亞倫必每年一次在其角上爲贖、而用罪祭贖之血矣、歷代每年一次必在其上行贖也。十一

○且皇上帝諭摩西云、十二按數編以色列族之丁册、正算之際、各人代本靈魂、必給贖奉皇上帝、則汝算之時候、其中無瘟疫矣。十三且必以半兩奉皇上帝矣、十四而各人上籍者、必按照聖秤兩捐半兩也、卽一兩折合二十錢、凡人上籍者有二十年紀以上、必以禮奉皇上帝矣。十五且贖靈魂而以禮奉皇

上帝、其富者不必添、其貧者亦不減、半兩而捐也。十六 乃所有以色列族贖之銀、必將而用之在會堂之事、致以色列族在皇上帝之前有誌、致贖爾靈云。十七 皇上帝諭摩西云、十八 爾必用銅而作盤、其架亦銅、以洗滌矣、且擺之會堂壇間而盛水也。十九 且亞倫與其子必在彼洗其手腳。二十 正進會堂、或近就壇奉事焚祭、爲皇上帝之火、則必以水洗身、以免死矣。二十一 如此洗手腳、以免死矣、此乃自己與其後裔歷代之永例矣。二十二 皇上帝亦諭摩西云。二十三 汝取最精香料、按聖堂秤、自流沒藥五百兩、香青花桂一半、卽係二百五十兩、與香菖蒲二百五十兩。二十四 玉桂五百斤、與橄欖油一斗也。二十五 用此製聖傳之油、調其香料、乃藥家之製、係聖之傳油也。二十六 以此必抹

會堂與法籍也、○二十七其棹與諸具、其燈臺與其器、連焚香之壇也、○二十八其
焚祭之壇與諸器、其盤與其架。○二十九汝必悉成聖之、致爲至聖、凡摸
之者亦爲聖焉、○三十且傅亞倫與其子、成之聖焉、以爲本祭司矣、○三十一且
諭以色列族云、此係歷代之聖傅油也、○三十二此乃聖、又爾必以爲聖
焉、毋盛之諸人之肉、而按照此式、毋得製也、○三十三若有人像似製者、
或加與異人、是人必絕於本民焉。○三十四皇上帝又諭摩西云、必取香
料、乳香、紫梗、香脂等香料、精芸香之各項、一切均秤、○三十五而製之爲
香料、乃藥家之融、而必加鹽爲淨聖焉、○三十六又擣之碎、其爲至聖、且
置之在法籍、在會堂、在彼我將會爾、○三十七此乃皇上帝之聖物、而所
製之香料、不得仍此式而製也。○三十八但有人照此而製者、以聞之、此

人必絕於其民焉、

第三十一章

一皇上帝諭摩西云、二視哉、我以名召猶太宗派戶耳之孫、烏哩之子庇撒列、三又以聰明慧智滿之、以上帝之神、俾能各工、四巧計用金銀銅而造也、五剛玉嵌之、刻木而作各項工、六我亦調共協之、但宗派亞希撒抹之子、亞何利巴也、又各明心之人、我賦以慧智、能作悉我所諭者、七卽會堂法箱、與其上之恩座、與帳堂之各器矣、八其棹與其器、其精之燈臺、與其諸器、連其香壇、九其焚祭之壇與其各器、其盤與其架也、十其花文衣、與祭司亞倫之聖衣服、與其子之衣服、以爲祭司矣、十一其傅油、並其聖之香料、遵照悉我所

諭者、亦必行焉○十二皇上帝又諭摩西云○十三傳諭以色列族云、汝必守
本瞻禮日、乃歷代爾我中之號、致可知、我乃成聖爾之皇上帝
矣○十四即乃聖焉、又爾必守其安息日、凡瀆之者、定死罪也○十五於是作
工者、即絕之於其民中○十五連六日必作工、乃第七日、係安息之聖、
係皇上帝之聖日、各人在安息日作工者必死矣○十六是以乃歷代
永約、而以色列族必守安息日、而存安息日○十七夫皇上帝連六日
內揜造天地、但於第七日息遂、焉此乃我與以色列族中間永
號也○十八且上帝在西乃山言論與摩西、後即賜之以兩扁碑、即係
石碑繕錄以神指也

第三十二章

夫民一看摩西遲延下山、民則會集在亞倫、云、所有率我出麥西國、此人摩西、我不知其下落、故起來而作神明、致我前行焉。〇二且亞倫諭云、所有妻子女耳內之金環、必脫出與我拏來也。〇三庶民遂脫出本耳內之諸金環、而奉之與亞倫也。〇四則收之由其手、而自刻之以錐、方造鑄犢、云、此乃導爾出麥西地之以色列之神明也。〇五夫亞倫見之、即其前造壇、且亞倫示曰、明日係皇上帝之瞻禮矣。〇六即朝早起、焚祭謝祀、又其民坐下飲食、而起來虛玩也。〇七且皇上帝諭摩西云、汝所率出麥西地之民、已經自邪、汝必下去。〇八其速離我所諭之道、自造鑄犢、伏拜而設祭、云、此乃率以色列出麥西地之神明焉。〇九皇上帝又諭摩西云、我看此民、視哉係拗頸之民焉。十今容我發之烈怒而壞之、惟我以爾將造大民焉。〇十一惟摩西懇求其上主皇上帝之面云、皇上帝以大能強手已率本民出麥西地、爲何緣之烈怒耶。〇十二豈非麥西人言云、其率之出以加害、而致殺之在山內、致滅除之地面焉、祈脫其烈怒而因本民所遭之禍悔意乎矣。十三祈俯念本僕亞伯拉罕、以撒以色列等、主所指自發誓云、我將加增汝苗裔如天星、又我所言之全地、將賜爾裔致永接之也。〇十四夫皇上帝緣所言將加本民之禍悔惜矣。十五夫其碑繫在兩邊、彼此有繫寫也、而摩西執其法碑兩扁轉而下山焉、十六其碑乃神工、其字亦乃上帝寫刻在碑上。〇十七夫約書亞一聽、在營民之歡嚮、遂謂摩西云、在營有戰鬭也。〇十八曰非據凱嚮、又非敗者之聲響、乃我聽響之聲也、十九適就近營、卽看其犢與其跳、而摩西烈怒、手丟兩碑、而折之在山下、二十且將所作之犢焚之以火、又磨之爲粉、而撒之水上、且令以色列族飲之也、○二十一夫摩西謂亞倫云、此民與爾行何耶、致陷之重罪、○二十二且亞倫云、我主知此民執惡、故毋發怒矣、○二十三其謂我云、至摩西率我出麥西地者、我不知此人之下落、是以與我造神明、致行我面前、○二十四且我曰、凡有金者、脫而賜我、遂投之火內、而此犢出也、○二十五夫亞倫縱民致在對頭之中沾辱、而摩西見之係肆縱、○二十六夫摩西立在營之門云、屬皇上帝者可歸我也、卽有利味全族合之也、○二十七遂謂之云、皇上帝以色列之上主如此曰、各人必腰束本刀、在營從門至門、遍處

巡行、各人必以互相毆計、同伴相殺也。〇二十八夫利味族遵照摩西之
諭而行焉、於是日民之約三千名亡也。〇二十九乃摩西謂之云、各人以
其子兒、兄弟、必今日契拜皇上帝、則將今日以嘏祝賜汝。〇三十次早
摩西謂民云、汝等犯重罪也、今我上赴皇上帝、庶乎可贖汝罪
也。〇三十一夫摩西歸皇上帝云、此民造金神像、會犯重罪。〇三十二今請恕其罪
也、不然、以我刪出所繕之錄也。〇三十三且皇上帝謂摩西云、犯罪於我
者、我亦刪之在本錄。〇三十四今率其民抵我所言之處、視哉本神使必
行爾前、都於討之日我亦將討其罪也。〇三十五但緣民之造亞倫所作
之犢、皇上帝擊其民焉

第三十三章

皇上帝謂摩西云、汝督同所率出麥西地之民、兼僉前往至
地、我所與亞伯拉罕以撒雅各的等誓云、我將賜之與爾苗裔、
二而我將差神使爾前、致驅逐亞摩哩黑比哩洗哈未耶布士等
族、三即是地內有乳蜜之流。夫我親躬不肯汝中前往、恐汝係拗
頸之民、而我在路上滅爾也。四夫民一聽此惡言、則憂悶、並不著
餙矣。五乃皇上帝經諭摩西云、示以色列族云、汝係拗頸之民、頃
間我將來爾間滅汝、今且脫爾餙、致我可知何必行與汝也。六夫
以色列族在何烈山自脫其餙矣。七摩西遂將其帳房而搭之離
營遠在塞外、而稱謂之會堂。夫凡人要禀皇上帝者、則赴塞外
之會堂也。八適摩西出而進是帳房者、則庶民起來各立在本帳

房之門、覩摩西迨及進其帳房也。九夫摩西正進帳房之際、其雲柱下、住在是帳房之門、而皇上帝與摩西言語也。十夫庶民一看其雲柱、住在是帳房之門、庶民各人在其帳房之門、遂起而伏拜也。十一夫皇上帝與摩西面敘、如人與友談焉、自則歸營、嫩子僕約書亞、係少年、不離是帳房也。十二夫摩西稟皇上帝、云、覩哉、主諭我率此民上來、但不報我發何位陪與我行、然云、我識爾名、汝亦獲恩本眼內。十三今祈若在主之眼內、淸恩示我以主道、遂可知我沾恩在主之眼內、且將看出此族類、係主之民焉。十四曰本顏將往、又我將安汝也。十五曰若主顏不往、毋率我離此、並毋前往。十六莫非以陪我行者、可知我並主民沾恩在主之眼內、則我並主之百姓、與全地面之民有分別矣。十七皇上帝謂摩西云、汝已沾恩在本眼內、而我亦知爾名、又爾所言之事、我將行焉。十八曰以主之榮儀示我也。十九曰我將以本萬惠經過爾前、又爾前將宣以皇上帝之名、吾憫者憐憫之、吾慈悲者慈悲之、又曰人見本面不得活也、所以汝不能見本面焉。二十一皇上帝又云視哉、與我有處、人爾必站在磐上、二十二正本榮儀經過之時、將覆爾以本手也、二十三且除本手則將見我後、但不覩本面焉

第三十四章

一且皇上帝諭摩西云、必仍前琢二扁石碑、且我將前所折之碑言、而錄之在彼碑上。二早必預備、朝時上西乃山來、則在山峯侍

在我也。三但無人必陪爾上來、並遍山無人必見、連牛羊亦不得喂在山前。四夫摩西琢出仍前兩扁石碑、遵照皇上帝所諭者也、手執兩扁石碑、早起而登西乃山焉。五且皇上帝乘雲而下、而宣以皇上帝之名、夫摩西侍側矣。六且皇上帝經過其面前宣云、皇上帝、皇上帝、乃慈悲之上帝、憐憫姑寬、為恩誠實、七存守體恤與千人、赦咎愆罪、擲不寬貸、乃討父之咎向子孫、迨及三四代也。八惟摩西作速首伏地拜、九云、余若在主之眼內獲恩、則請主往我中間、其係拗頸之民、祈主以我之罪咎均赦、而以我為本業矣。十曰、我已結約、又在爾庶民之前、我將表異蹟、昔所未行在全地、在萬國中、然我將施爾以綦嚴之情、又爾所住之各民將覩皇上帝之行焉、十一我今日所諭爾者、必守也、我卻爾前驅逐亞摩哩、迦南、黑、比哩洗、哈兒、耶布上等族、○十二然爾必慎、重並不結約與所赴之地民、恐爾中此為罔套也、○十三但汝必折其壇、壞其像、而滅其偶矣、○十四夫皇上帝之名係忌矣、乃猜忌之上帝、故毋崇拜異神焉、十五恐爾與其地之居民結約、卽其嫪隨其神明、而祭其神明之時、請爾、又汝食其胙也、十六又將其女、而嫁之與汝子、又其女嫪隨其神明、又令爾子嫪隨其神明焉、○十七毋可造塑像、○十八爾必守無酵餅之瞻禮、汝在穗月時出麥西國、又在穗月時、我諭爾連七日食無酵之餅也、○十九凡開胎者、與牛羊牲初生之各犛牲、一切屬我也、○二十但其驢之初生者、必以羊贖也、如不贖之、折其頸可也、爾子之初生者皆必贖也。但詣我前、毋必空來也。二十一連六日可作工、但於第七日可息矣、稼穡之時、亦必息矣。二十二汝必守七禮拜之瞻禮、爾自作穫麥之初產、並年底收積之瞻禮矣。二十三汝各男、每年三次、咸必覲主宰皇上帝以色列之上帝之面焉。二十四在爾前我將驅逐其人類、而廣爾境、則爾每年三次、上去而覲爾上主皇上帝之顏、並無人將貪汝地矣。二十五本胙之血、毋得兼酵而祭也、又在逾越之瞻禮所祭之犧、毋得待次早存焉。二十六必將爾田之土產而帶進汝上主皇上帝之殿。毋得烹羔在母之乳嬭。二十七夫皇上帝諭摩西云、按此言我與爾及與爾民結約、與爾、並與以色列族、故將此詞而錄之書內。二十八且摩西住與皇上帝連四十日四十夜、水不飲、而餅不食、即在是碑錄其約之言十條。誡摩西下西乃山摩西正下山之時、手執二扁法碑、並摩西不知正與之言語之時、其顏之皮尚發光也。夫亞崙並凡以色列族一看摩西、即見其顏之皮發光、並畏近就之。惟摩西招之、則亞倫與其會之諸首領咸歸之、而摩西與之相敘。嗣後凡以色列族近就、而摩西將皇上帝在山所諭者、皆轉飭之。且摩西言畢、則以蓋掩面。惟摩西赴皇上帝前、致與之言、則除其蓋、迨及出時、而傳其諭與以色列族。夫以色列族看摩西之顏、而摩西之顏皮發光、夫摩西再將其蓋而掩面、迨及進來而與之言焉

第三十五章

一且摩西招以色列族全會聚集、謂之云、皇上帝所諭、致遵行焉、各條如左○二汝連六日作工、但於其第七日、係汝聖日、乃皇上帝憩之安息、凡人於是作工、必定死罪矣○三在爾諸宅、於安息日、毋燃火也○四且摩西諭以色列族全會云、此乃皇上帝所飭命之條、五曰爾中必取皇上帝之禮物、各甘心之人、必獻皇上帝之禮物、卽金銀銅、六藍靑紅絳細布、羊毛、七紅染羝皮、芝蘇紹皂莢木、八火油、傳油之香料、與燻香、九爲其公服、並其胸牌、必有璧玉、與嵌玉也○十汝中各慧心之人、必來而作、凡皇上帝所諭者、十一卽其堂、其帳、其蓋其條、其板其門、其柱、其墩、十二其箱、其杠、其恩座、其簾之蓋、十三其棹、其杠、與各器、並面前之餅、十四其燈臺以照光、與其器、其燈、與其火

十五油、其香壇、其杠、其傅油、其馨香、與帳堂門口之簾也、十六其焚祭之
壇與其銅羅、其杠、其各器、其洗盤、其架、十七其院之幃、其柱、其墩、與
院門之簾、十八其帳房之釘、其院之釘、與其索、十九其職衣以奉事在聖
處、祭司亞倫之聖衣、與其子之衣、以為祭司也、二十○夫以色列族
全會則離摩西之面去、廿一則凡人甘願、而各人有覺量之神、感來
帶皇上帝之禮物、以為會堂、與各事職、並其聖衣、廿二男女各甘心
者、帶鐲、環、戒指、鏁、鈕、各金器等、及各人將金捐奉皇上帝也、○廿三凡
人自有藍青紅絳細布、羊毛、紅羝皮、逆之蘇絹、亦帶之來、廿四各人捐
銀銅者、亦獻皇上帝之禮物、又凡人有合其事工之皂莢木、亦
帶之來、○廿五各慧心之女人、以手織、且帶所有織之藍青紅絳之細

二十六布又各女人有智、又有甘願之心、織羊毛也、二十七且其首領帶公服與胸牌之璧玉與嵌玉、二十八香料、火油、傅油、馨香。二十九以色列族甘願獻禮物奉皇上帝、各甘願之男女有甘心帶各項工、按照皇上帝所諭而托摩西之手以作之也。三十夫摩西謂以色列族云、視哉、皇上帝召猶太宗派戸耳之孫烏哩之子庇撒列之名、三十一且滿之以慧智之上帝之神、能乾各項工巧、三十二計異工、造金銀銅、三十三琢玉嵌之、刻木作各項之巧工。三十四又有但宗派亞希撒抹之子亞何利押而賦兩者之心以教之、三十五且滿之以智心以作各項工、即是刻劇巧織刺繡蔚青紅絳細布、與織匠兼各造工者、與計巧工者、

第三十六章

一節 於是庇撒列亞何利押等連各智心之人、皇上帝所賦以知慧、
能乾造聖處各事工、按照皇上帝諸所諭者。二 且摩西招庇撒列
亞何利押等與各智人、皇上帝所賦心以智者、與各人甘願來
以工致作之也、三 此人由摩西收以色列族所帶、以作聖處之事
工之禮物、每早還帶三項禮物。四 而各智人離所作之工而來、以
造聖處之諸工、五 謂摩西云、皇上帝所諭以作之工、其民帶來足
以事工者太過。六 夫摩西飭令通營曉示云、男女再毋作工以捐
聖處、如此其民止以帶來、七 乃其質料足以作各工太過也。其中
各智心之人、八 作其張房之工、用藍青紅絳細織布刺繡靈仙像、
而作十張幔、九 一幔之長二丈八尺、一幔濶四尺、其幔各同樣、且十

五幔合相連、另五幔合連、十一且作銜青紐在一幔之邊、於相合之交處、如此亦作在第二之幔之末、與其連合也。十二在一帳貼五十紐扣、又在連第二之帳末亦貼五十紐扣、此紐扣相連其帳也、十三又用金作五十紐、以是鈎連其帳、合為一帳堂也。十四又用羊毛作幬為帳堂上之幬蓋也、而作十一張幔、十五其幔長三丈、其幔濶四尺、其十一張幔同式矣、十六卽五幔獨連、又六幔獨連。十七又在連處貼五十紐扣、在幔之末邊、亦以五十紐扣加與連第二之幔邊也、十八又作五十銅鈎、以連其帳合為一矣。十九且用染紅之羝皮以為帳之蓋也、另加其上以芝蔴紐也。二十且用皂莢木為帳之板以建之也、二十一其板之長一丈、其板之濶一尺半、各板有二凖、互相平鉗如此作帳之各板。〇二十三其作帳之板、即南向南邊之二十塊之板、〇二十四又在二十塊板下作四十銀墩、每板二準之下二墩、又在他板下有兩準之二墩焉。〇二十五在帳之他邊在北向隅、其亦作二十板、〇二十六與四十銀墩、一塊板下有二墩、又有塊板下有二墩。〇二十七在帳之西向邊其作六板、〇二十八還在帳兩角、其作兩板、〇二十九即以一環連之在下、亦連之在首上、如此在兩隅者作其兩也。〇三十有八塊板、每板下二墩、則其墩乃十六銀墩。〇三十一亦用皂莢木而作門、即爲帳之一邊作五件、〇三十二又五件門在帳之他邊、另西向邊在帳之板他邊有五件門。〇三十三又作其中門以貫其板、自此末至彼末矣。〇三十四其板鑲以金、又用金作環以貫其杠、且鑲之以金焉。〇三十五又用藍青紅絳細織之幼布刺繡靈仙像、而爲其幬、三十六又用皂莢木作四條柱、而鑲之以金、其鈎亦係金、另鑄四銀墩、三十七又用藍青紅絳細織之幼布而刺錦作帳門之簾。
三十八又有其五柱與其鈎與其柱首連其條均鑲以金、但用銅而作其五墩焉、

第三十七章

節一且庇撒列用皂莢木而作其箱也、其長二尺半、其濶尺半、其高尺半、內外鑲之以精金而作金邊、三又鑄四金環符合其角、二環在此邊、又二環在彼邊。四又作皂莢之杠而鑲之以金焉、五且將其杠穿之其環內、在箱之邊以擔其箱也、六以精金作其恩座、其長二尺半、其濶尺半、七在恩座之末、其將一塊而打造金靈仙像、八一

靈仙像在此末邊、又一靈仙像在彼末之邊、卽在恩座之兩末造其靈仙像也〇九其靈仙像高展翼、其而相對、卽其靈仙而望向恩座、而以翼覆其恩座〇十其用皂莢木、而作其槔、其長二尺、其濶尺半、其高尺半、〇十一以精金鑲之、周造金邊爲周、〇十二造一掌濶之邊、又在其周邊作金線〇十三又鑄四金環、其環貼在四角、在其四腳〇十四其線之對面有其環、卽杠貫之處、以擔其箱也〇十五用皂莢木而作其杠、鑲之以金、致擔其槔〇十六且用精金作其槔上之器、卽盃碗盤等與所用以蓋之也〇十七亦用精金而作其燈臺、卽鏇而作其燈臺、卽其本與其枝、其蕊其苞其花、〇十八且六枝出其邊、卽燈臺之一邊有三枝、又在他邊有燈臺之三枝〇十九卽有杏樣之三盞、在一枝與一苞、一花也、又在他枝亦有三杏樣之盞與一苞一花也、即出燈臺之六枝一樣也、[二十]在燈臺有杏樣之四盞與其苞花、[二十一]即兩枝之下一苞、又兩枝之下一苞、又兩枝之下一苞、按照所出之六枝也。[二十二]其苞與其枝同樣、即係鏇之精金。[二十三]且其用精金作七燈、與其燭剪、與燭剪盤、[二十四]即用百斤、精金、而作之與其器也。[二十五]又用皂莢木而作其香壇、其長一尺、其濶一尺、即係四方、其高二尺、其角同樣。[二十六]在首周邊與其角、鑲以精金、亦造周金邊、[二十七]亦在兩角作線下之、兩金環、在其兩邊、以爲穿杠之處、以擔之也。[二十八]且用皂莢木而作其杠、而鑲之以金焉。[二十九]又作其聖傳之油、又按照藥家之藝、製其香質之馨香也、

第三十八章

一節 又用皂莢木而作焚祭之壇、其長五尺、其濶五尺、其高三尺、係四方也。二 又在四隅作其角、其角係同一樣、又鑲之以銅。三 其用銅而作各皿器、即其壺、鏟、盤、鉗等器。四 又在壇之周下、於其中間作銅羅網、五 又鑄四銅鐶在銅羅之四角、以杠之穿處。六 用皂莢木而作其杠、而鑲之以銅。七 乃其杠穿壇邊之環內、且用板而爲空壇也、以擡之也。八 又用銅造洗盤、其架亦作銅、而用在帳房之門、所聚之女人之鏡也。九 又作其院、即在南向南邊、其院之幔係細織之幼布、長十丈。十 其柱二十條、其銅墊二十件、其柱之鈎與其釘係銀。十一 其北邊之幔長十丈、其柱二十條、其銅墊二十件、其柱之鈎與其釘係銀焉。十二其西邊有五丈長之幔、其柱十條、其墩十件、其柱之鈎與其釘係銀焉。十三在東邊東向五丈。十四其一邊之幔長一丈五尺、其柱三、其墩亦三焉。十五又在此及在彼邊之院各有幔長一丈五尺、其柱三條、其墩三件。十六周院之各幔皆細織之幼布。十七其柱之墩係銅、其柱之鈎與釘係銀、其頭鑲以銀、而其院之各柱釘以銀焉。十八其院之門簾係藍青紅絳之細織之幼布刺錦、其長二丈、其高濶各五尺、與院之幔相稱。十九其柱係四條、其銅墩四件、其鈎係銀、亦以銀鑲其釘與其頭也。二十乃帳房之各釘與周院係銅也。二十一此乃其帳堂之大畧、即其法之帳堂、乃祭司亞倫之子以大馬之手遵照摩西之諭與利味之事職所算者。二十二乃猶太宗

派烏哩之孫、戸耳之子庇撒列、悉作遵照皇上帝諭摩西也、又○二十三
但宗派之亞希撒抹之子亞何利押、陪之係刻劃巧匠、刺繡葡
青紅絳細布。○二十四且凡金所用、以工卽聖處之諸工、所捐之金、其計
按聖處之平兩二十九担七百三十兩、○二十五夫其會之上籍之銀、按
聖處之兩計一百担一千七百七十五兩。○二十六自二十年以上各人
所上籍者、其計六十萬三千五百五十名、每人按聖處之兩、捐
十錢、卽半兩也、○二十七且用此一百担銀而鑄聖處之墩、與其幬之墩、
卽一百担爲一百墩、每墩一担也。○二十八且用其一千七百七十五兩而
作其柱之鈎、鑲其頭、且釘之也。○二十九所捐之銅係七十担二千四百
兩、○三十且用此而作會堂帳門之墩、與銅壇、並銅羅、及壇之諸器、○三十一與

周院之墩並帳之各釘、與周院之諸釘、

第三十九章

○一且遵照皇上帝諭飭摩西、即用葡青、紅、絳、其製其職衣、致奉事
在聖處、亦製亞倫之聖衣服也、○二且用金葡青、紅絳、細織幼布、而
製其公服也、○三將其金打爲鍩、切爲線、致絳之錦之在葡青、紅絳
細布內、○四亦製肩塊、以連之、卽合之在其兩邊、○五遵照皇上帝諭飭
摩西、亦用金葡青紅絳細織之幼布、仍其工而製其公服上之
紳、○六且剛璧玉在金之窩內、其上刻以色列族之名、如刻印焉、○七遵
照皇上帝所諭摩西、繫之在公服之肩、係玉以爲以色列族之
誌也、○八接其公服之上、亦製其胸牌之錦工、而用金葡青紅絳細

織之紉布係方也、且以胸牌爲雙、其長一探手、其濶一探手、乃
二雙也、十且排四帶玉、首行紅玉、金色玉、慈玉、十一第二行係瓊瑤、青
玉、瓚石、十二第三行係瑰瑋、瑪瑙、紫玉、十三第四行係綠玉、璧玉、碧玉等、
即以金窩中嵌設之、十四其玉乃按照以色列族之名、依其十二宗
派、各塊有其名、如印之刻、十五以精金在胸牌之末辮鏈、十六亦作兩件
窩、與兩金環、而貼其兩環在胸牌之末、十七且將其兩金辮鏈、貼
在胸牌末之兩環、十八又將其兩辮鏈之末、貼之在兩窩、加之在公
服肩前、十九又作兩金環、而貼之在胸牌末邊、在公服之裡旁、二十作兩
銀環、而貼之在公服之兩邊下、前向在連合之對面、公服紳之
上、遵照皇上帝諭飭摩西、用藍青紐、以其環縛其胸牌、貼其公

服之環致在公服之紳上、而胸牌不得解別公服。○二十二又用蔚青、而織爲公服之襤褸矣。○二十三在其中有孔、如甲衣之孔、又周孔用帶以免破也。○二十四在其甲衣之邊、其用蔚青紅絳、細織紡布、而製石榴之像、○二十五且用精金而作鈴、而以鈴排石榴內、在衣之周邊、在石榴間、○二十六遵照皇上帝飭令摩西、一鈴一石榴、一鈴一石榴在衣之周邊、○二十八與致著此衣以充事也。○二十七亦用細織紡布、以製亞倫與其子之衣、與細布首紋、及細布頭帕、連細織紡布之褲、○二十九遵照皇上帝飭令摩西、其以錦蔚青紅絳、細織之紡布、製其紳、爲○三十以精金作其聖旒、如刻印之樣、寫其字云、聖與皇上帝矣、○三十一依皇上帝所飭令摩西、著以蔚青細縛之、致貼之在首紋上、○三十二依皇上帝悉所飭令摩西

以色列族作而行焉、如城就會堂之帳遂帶其帳與其諸器、即
其條、板門、柱墩等悉到摩西也、三十四 又紅染之羝皮、芝蔴絡與蓋之
幔、三十五 其法箱、其條、其恩座、三十六 其棹與其器其面前之餅、三十七 其精燈臺與
其燈、即以所必排之燈、與其諸器連火油、三十八 其金壇、其傅油、其香
馨與帳堂之簾、三十九 其銅壇、其銅羅、其條與諸器、其盤與其架也、四十 其
院之幃、其柱、其墩、其院門之簾、其索、其釘、與帳堂之諸職器以
會堂之用、四十一 其職衣致奉事在聖處、及祭司亞倫之聖衣、並其子
之衣、致為祭司、四十二 夫以色列族依皇上帝諸飭令摩西者、其作各
工也、四十三 且摩西觀其諸工、視哉其作之依皇上帝所飭令者而作
且為之者、且摩西祝之

第四十章

一節且皇上帝諭摩西云、二於正月初一日必建會堂之帳、三內按其法箱而蓋其箱與以幃也、四且擔桌進來、還所有之物必排其上者、亦必調也、且帶進其燈臺、而燃其燈也、五且將其金壇而按之在法箱前、而以門簾加帳房、六且將焚祭之壇、而按之在會堂帳之門前、七又將其洗盤排之在會堂帳與壇之間、內盛水也、八又建周院而掛其院之幔、九又將其香油而傅其帳房與內所有之各物、而捨之與其諸器則爲聖焉、十且傅焚祭之壇與其諸器、且成聖其壇遂爲至聖之壇、十一以油傅其洗盤與其架、而成聖矣、十二且帶亞倫與其子至會堂之門而洗之以水、十三若之以其聖衣、且傅而成聖之致爲本祭司矣。十四且帶其子而着之以衣、十五又如傅其父亦必以油傅之致爲本祭司、所傅油者果係歷代永遠祭司之職矣。十六且摩西遵照皇上帝悉所諭者行且爲也。十七二年正月是月之初一日則建其帳房。十八且摩西建其帳房而貼其墩、而立其楨且穿其閂、而立其柱也。十九依皇上帝所飭令摩西者其布其幬在帳房之上、而加其帳房蓋諸上。二十且將其法紀而裝之其箱內、而用其杠而置其恩座在箱上。二十一遂依皇上帝所諭摩西者其帶其箱進帳房、而掛其蓋之幬、且蓋其法紀之箱。二十二且將其棹而排之在會堂。在幔外於帳房之北向。二十三依皇上帝所諭摩西者、而排其餅在皇上帝之前。二十四將其燈臺、而按之在會堂之帳在棹之對面於帳

房之旁南向依〇二十五皇上帝諭摩西者、〇二十六其燃燈在皇上帝前、〇二十七且將其
金壇而按之在幃之前、在會堂之帳內、依皇上帝所飭合者、其
焚馨香也。〇二十八且掛其簾在帳房之門前、〇二十九依皇上帝所飭合摩西者、
將其焚祭之壇而按之在會堂之帳門、且祭其焚與饌之祀、〇三十將
其洗盤而按之在帳房兩墩之間、而盛水也。〇三十一內摩西亞倫等洗
其腳〇三十二遵依皇上帝所飭令摩西者、正進會堂、而就壇之時則洗
濯矣、〇三十三且周帳房建其院、而掛其門簾、且摩西成就其工也。〇三十四且有
雲覆其會堂、而皇上帝之榮儀滿其帳房、〇三十五因其雲在其上、而皇
上帝之榮儀滿其帳房、則摩西不能進其會堂也。〇三十六但其雲由帳
房上起、以色列族隨程前往、〇三十七然其雲不起、亦起程、惟待其起之

日。三八夫其統程在以色列全家之面前屬上帝之雲晝住在帳房之上夜有火在其上也

旨准頒行詔書總目

太平條規

頒行詔書

頒行曆書

三字經

幼學詩

旨准頒行共有十四部

利未書卷三

第一章

一節 皇上帝遂召摩西由會帳房、而諭之云。二 且命以色列族云汝中有人以焚祭獻皇上帝。則必牽牛羊之犧、以祀之也。三 卽係羣牲之焚祭、必須牡牷而甘願設之。在皇上帝之前、於會帳房之門也。四 當下必按手在將焚之犧首、遂爲之接之、以行贖矣。五 方屠其牛在皇上帝之前、而亞倫之子、卽其祭司、必帶其血、且在附會帳房門之壇、周灑其血矣。六 便剝其焚犧之皮、且切之。七 祭司亞倫之子在壇上必燃火、且在火上排柴也。八 其祭司等卽亞倫之子宜以肢首脂、兼排在壇於火柴之上。九 其臟腳祭司必以水洗悉帶而以火焚、即火祀皇上帝之薰香。十或係羣羊、或棉、或山羊必牷牲、爲將焚之犧矣。十一望北在皇上帝之前、附壇必屠之、即其祭司正是亞倫之子、在壇上周灑其血矣。十二且切之連首脂而祭司在壇於火柴上排之也。十三但其祭司必洗臟脚以水、悉帶而焚之壇上。正是焚犧。火祀皇上帝之薰香。十四或所獻皇上帝之犧係禽、則必帶獻班鳩鴿子。十五其祭司必帶之到壇、扭頸後而焚之在壇上、其血附壇必擠也。十六又必拔膆並其毛、而丟之在壇之附灰之處、東向。十七乃裂折之連翼、並不判之、而祭司在壇、於火上之柴必焚之也、即是焚犧火祀皇上帝之薰香

第二章

一節 設要以饌奉皇上帝、則必以細麵粉、斟油而加香也。二 遂帶之到亞倫之子、即其祭司、撮取麵粉油凡香、而祭司必焚之在壇爲記、乃火祀皇上帝之薰香。三 夫其饌之剩歸亞倫並其子、以火祀皇上帝之祭中、斯爲至聖之祭。四 倘若以饌之祭、炕爐而獻之、必用細麵粉爲無酵之餅、雜油、或搽油之無酵之餅矣。五 或係在鑊內所備之饌祭、則必用細麵粉無酵雜油而造之、六 因係屬饌祭、必判之而斟油也。七 即獻在鑊、備之饌祭、必用細麵粉暨油也。八 用此物所造之饌祭、必奉皇上帝、一奉之與祭司、則必帶之到壇焉。九 其祭司方取其饌祭、爲記、而焚之在壇上、即係火之祀皇上帝之薰香也。十 夫饌祭之所剩、因係祭之至聖物、必歸亞倫並其子

矣、○十一所有奉皇上帝之饌祭、毋得用酵也、乃所化火奉皇上帝之
祭者、毋庸焚蜜酵等物。○十二若祭初果、必獻之與皇上帝。但不得焚
之在壇上、以爲薰香也。○十三各饌祭必以鹽調、並不得以汝上帝約
之鹽絶饌祭矣。乃與各祀亦必獻鹽焉。○十四若要以初果爲饌祭、奉
皇上帝、則以祀果饌祭烘火之生穗乃穀滿穗所打出也。○十五其上
必斟油加香、正是饌祭矣。○十六其祭司必焚碎穀油並諸香、即係皇
上帝化火之祀也

第三章

一節若要祭犧、正獻謝祭之祀、不拘牡牝、則必牲純、獻之在皇上帝
前。○二手按犧上、而屠之在會帳房門、即祭司亞倫之子、必周壇灑

血矣。三正以謝祭之祀必獻皇上帝、爲以火化祀矣、是覆臟之脂、並臟上之諸脂矣。四兩腎與其脂、即在其膀、並所有在腎肝之皮、悉必除矣。五然亞倫之子必燒之在壇焚祭上、火柴上者、乃化火之祀、皇上帝之薰香也。六獻奉皇上帝之祀屬畜犧、若係謝祭牡牝必係牷純而獻之。七但以羔獻爲祭、則必設之在皇上帝之前。八以手按犧之首上、且屠之在帳房之門前、乃亞倫之子必周壇灑血矣。九以此謝祭之祀必獻皇上帝、致爲以火之祀、其脂與渾身必斷在腰也、其脂蓋其臟者、並在臟之諸脂矣。十其兩腎並其上之脂、正在膀者在肝上之皮、並其腎必俱除也。十一正乃皇上帝化火祭之物、而其祭司必燒之於壇上。十二若犧係羊、則必祀之在皇上帝之前。又[十三]必以手按首上、而屠之在會帳房之前、且亞倫之子必以血周灑壇。[十四]在上必設其祭、正是皇上帝化火之祀矣、即蓋臟之脂、並臟上之諸脂矣。[十五]兩腎並脇上之脂、肝上之皮並其腎必俱除也。[十六]凡脂屬皇上帝、其祭司必焚之在壇上、此係以火祀物爲薰香遍宅歷代恒爲永例、毋得食血脂矣。

第四章

[一節]皇上帝遂諭摩西曰。[二]汝必諭以色列族云、有人悞干皇上帝之律例所禁者並犯之也。[三]然受傅油之祭司犯罪如民之罪、則緣所犯之罪必牽牷純牛子、奉皇上帝爲罪祭矣。[四]遂必牽牛在皇上帝之前、到會帳房、手按牛首、而在皇上帝之前屠其牛也。[五]夫

受傅油之祭司必帶牛血、○六而其祭司必沉指血內、而七次灑血在皇上帝之前在幬前也。○七所有會帳房內、薰香之壇、祭司在皇上帝之前、必以血貼角也、而在焚祭壇之底、必斟牛之諸血矣、正是在會帳之門也。○八又取牛之諸脂、即蓋臟之脂並在臟之諸○九脂兩腎與其上之脂、正是在脇及肝上之皮並其腎、俱必除也。○十仍除之、謝犧牛無異其祭司必燒之在焚祭之壇上。○十一並其肉、其首、其腳其臟、兼其糞也。○十二然必帶全牛出營外、到清處、所傾灰之所、而以火燒之在柴上、乃在傾灰之所必燬之。○十三但以色列全會犯罪、而其情在會黨之眼前不明、即犯皇上帝之諭命者、所禁之事而干辜也。○十四但所犯之罪係明焉、則其會黨爲本罪、必將牛

子且牽之到會帳房之前。（十五）且其會長老輩必在皇上帝之前、手
按牛首上、而在皇上帝之前、殺其牛也。（十六）夫受傳油之祭司、必帶
牛血、到會帳房。（十七）乃祭司以指必沉血內、而七次在幬、卽在皇上
帝之前灑之也。（十八）以其血必染在皇上帝前之壇角、是在會帳房
內而以諸血斟焚祭壇之地下、正是在會帳房之門焉。（十九）且取諸
脂、而焚之在壇上。（二十）仍所行與罪祭之牛、仍亦必行與此牛矣、而
其祭司必蔽其辜、遂可赦之也。（二十一）此乃會黨之罪祭、故必牽牛營
外而焚之、如燒其初牛也。（二十二）遇有官干罪、悞犯其上主皇上帝之
律例、所不必行、且有辜矣。（二十三）方知所干之罪、則必帶犧、正係羊子
牷純之男。（二十四）遂手按羊之首上、且殺之在屠焚祭犧之處、在皇上

帝之前、正是罪之祭矣。○二十五其祭司遂必以指將罪祭犧牲之血、且貼焚祭壇之角上、而盛其血在焚祭壇之地也。○二十六又以諸脂必焚壇上、如謝祭之祀脂矣。其祭司則爲之、緣其罪必設贖、則可赦也。○二十七遇有俗民悞犯罪、而干皇上帝之律例所不必行者、而取事也。○二十八倘所干之罪若知識、則必牽其羊子、即是牲純之牝、緣所犯爲罪祭矣。○二十九即以手按罪犧首、宰罪犧在焚祭處。○三十其祭司遂以指必將血而抹之在焚祭壇之角上、而盛諸血在壇之地矣。○三十一且必取諸脂如取謝祭之脂、而祭司必焚之在壇上、爲皇上帝薰香、其祭司則必爲之贖罪、方必赦之也。○三十二但牽羊羔爲罪之祭矣、則必牽牲純之牝焉。○三十三且手按罪祭犧之首上、而屠之在殺罪犧之

處、三十四其祭司必以指拈罪祭犧之血、而抹之在焚祭壇之角、而盛
諸血在壇之地矣。三十五亦必取諸脂、如取謝祭犧之脂、而其祭司必
焚之在壇上。仍祭皇上帝之火祀。其祭司必贖所于之罪也、遂
可赦之也、

第五章

一節遇有人犯罪、而聞發誓之聲為證見、或看、或知之、但不吐出、則
必取其辜矣。二遇有人摲穢物、或係汚獸之屍、或汚牲之屍、或汚
蟲之屍、然不覺之、三倘若知之、則有罪矣。四遇有人發誓、以口唇吐、
或要作善或惡、凡人所吐誓者、而不覺之、則可、然知之則有罪
矣。五但緣此事有罪矣、則必認其罪矣。六於是緣其罪必帶愆祭到

皇上帝、卽羣牲之牝、或棉羊羔、或山羊子、爲罪祭、而其祭司必
緣其罪代之設罪祭矣、七但不能帶羔、則緣所行之慾、必以斑鳩
兩隻、或以鴿子兩隻、奉皇上帝、一隻爲罪祭、一隻爲焚祭、八且交
之與祭司、其必初設其罪祭、且扭頸並不判之、九且以罪之血灑
壇之旁、其餘血必在壇之地擠出、十以第二隻仍規必爲焚祭、而
緣犯罪、其祭司必爲贖、則將赦之、十一設不能奉斑鳩二隻、或鴿子
二隻、則有罪人、必獻帶細麵粉一升、爲罪祭、緣係罪祭、不得調
油、又不得加香焉、十二遂必帶之到祭司、而祭司必撮一握爲記表、
且焚之在壇上、按照以火所祀皇上帝之祭、此乃罪祭、十三其祭司
以此一件、緣其所犯之罪、必爲贖、則可赦之、其餘歸祭司爲饌

祭。○十四雖時皇上帝諭摩西云、十五遇有人悮犯皇上帝聖物之罪、則將羣中牲羝、爲愆奉皇上帝矣、以銀兩估之、按照聖處之兩度、以爲愆祭矣、十六遂緣所害之聖物必抵償、卽加五分之一、給之祭司、且其祭司必以愆之羝爲之贖也、則可赦之也、十七所有皇上帝之禁例、遇有人不覺而犯干爲弊、郤有罪、而取其戾矣、十八則將在羣中之牲羝、估之爲愆祭、奉祭司、而其祭司、按照所悮錯、並不覺者、必爲贖、則可赦之、十九其果然犯皇上帝、而此乃其愆祭矣

第六章

一節且皇上帝諭摩西云、二遇有人行罪犯皇上帝矣、或以所有受托而騙之、或結夥而強奪物件、或哄伴焉、三或著所失者、而誣誓詐

語、凡此人所行者、而干罪矣。四 於是因犯罪有辜者、必交還所強奪者、或騙而獲之物、或所守托者、或所著失物、矣。五 凡所誣誓者、必交還原主、愈加五分之一、而當設愆祭之日交之與所屬者。六 此人以愆祭必奉皇上帝、正是所估為愆祭羣中之牲羝、而奉之祭司矣。七 其祭司遂在皇上帝之前、必為贖矣、且凡犯者必赦矣。八 ○皇上帝遂諭摩西云、九 汝轉諭亞倫並其子云、此乃焚之例、終夜及旦、焚之在壇上、是以係焚祭、並壇之火、必內燒矣、十 其祭司則穿麻衣、身著麻褌、將火所燼之灰、並壇之焚祭、俱按在壇之旁也。十一 遂脫本衣、而穿他衣矣、而以灰帶出營外、在清處矣。十二 然其壇之火必燒並不滅矣、每日其祭司必焚柴、且排按其焚祭、

在上必焚其謝祭犧之脂矣、其十三火在壇上必恒燒、並不息矣。○
十四饌祭之例如左、亞倫之子、必祭之在上主皇上帝之前、在壇之
前焉。十五遂取饌祭麵粉之一握、其油並在饌祭上之諸香、而焚之
在壇上為薰香、皇上之記表矣。亞倫並其子必燕食其餘矣、即
以不酵之餅食之、在聖處、而吃之在會帳房之院內也。十七我以本
祭以火所燒者之分頒之也、此如罪祭、愆祭、係最聖者。十八亞倫之
子中諸男必食之、此係皇上帝以火化祀、在汝世代之恒例、凡
㩶之者、必為聖焉。○十九皇上帝遂諭摩西云、二十當傳油之日、亞倫並
其子所宜奉皇上帝之祭如左、一升幼麵粉為恒饌祭、一半早、
一半晚。二十一此必在鑊內以油備之、一炕必帶之進來、而所炕饌祭

之塊必獻爲皇上帝之薰香〇二十二此乃皇上帝永例、歷代之受傅油之祭司之子者必獻之並盡焚之也〇二十三夫祭司之各饌祭必盡焚並不食矣〇〇二十四且皇上帝諭摩西云、〇二十五汝必轉諭亞倫並其子曰此乃罪祭之例、在屠焚祭犧之處亦必屠罪祭犧在皇上帝之前焉其乃最聖焉〇二十六爲罪所設之祭司必食之且食之在聖處正是在會帳房院〇二十七凡摸其肉者必爲聖但將其血而灑血在衣上汝必在聖處洗所灑者〇二十八所烹之瓦器必折抑在銅壺煮之則必以水淡滌之也〇二十九祭司中之諸男人必食之此乃至聖也〇三十所有罪祭之犧其血帶進會帳房以贖聖處者此不得食乃焚之以火也

第七章

其愆祭最聖、例如左○二在屠焚祭犧之處、亦必屠愆祭犧、其血在壇上周灑矣。○三以諸脂、卽其體並蓋臟之脂必祭矣○四乃除兩腎並所有之脂、卽在脇者、並在肝之皮兼腎也。○五其祭司則在壇上必焚之。此係皇上帝以火之祀、乃愆祭矣。○六此乃最聖祭司之各男人必食之、卻吃之在聖處也。○七其罪祭與愆罪無異、並無例矣。以此爲贖之祭司必有之也。○八夫設人之焚祀之祭司、此祭司自必得所祀之焚祭犧之皮矣。○九凡在爐內之炙膳、而所燔在鑊盤內者、俱歸祭之者之祭司矣。○十亞倫之子、均得雜油並旱之諸饌。○十一所獻皇上謝祭之祀例如左。○十二緣鳴謝之事祭之則與謝祭必加以油雜、無酵之餅、並以油抹之無酵扁餅、而幼麵粉雜油燔之餅

○十三矣、除餅外、必設有酵之餅與謝祭之頌祀矣。○十四衆禮物之中、若獻
一件、爲搖祭奉皇上帝、此歸祭司、以謝祭犧之血、灑在壇上者
也。○十五當祭之日、亦必食謝祭頌祀之胙、並不必存之迨明日也。○十六但
發願、或甘心設祭、則必食之、當祭之日、異日亦必食其剩者。○十七但
祭胙之餘、必於第三日以火焚也。○十八倘於三日若食謝祀之膳、不
得接之、亦不算與所祭者、乃係壓物、而人所食之者、必負辜矣。
○十九攋穢物之胙者、不得食矣、卻以火焚之。然其胙凡係純者可食
○二十矣。但玷污之人食謝祭之胙、所屬皇上帝者、以是人必絕於其
○二十一民焉。遇有人攋污物、如人之污、污獸、或可壓濁物、並食謝祭之
胙、所屬皇上帝者、以此人必絕於本民焉。○二十二皇上帝遂諭摩西

云。汝且轉論以色列族云。二十三毋得食牛山羊之脂矣。○二十四但自斃之獸脂。或野獸所殺者之脂、俱可使他用、但不得食矣。○二十五凡人食以火所祭皇上帝犧之脂、則以其吃之人、必絕於本民焉。○二十六禽獸之血、兼不得食在汝宅矣。○二十七凡食血者、以此人必絕於本民焉。○二十八皇上帝遂諭摩西云、二十九汝且轉論以色列族云。有人以謝祀祭皇上帝奉其禮矣。三十即以親手必帶以火祭皇上之祀、即帶其脂與其胸、以搖其胸、致在皇上帝之前爲搖祭矣。○三十一其祭司必以脂焚在壇上、乃其胸必歸亞倫並其子矣。○三十二以右肩必給祭司、爲搖祭在謝祭祀之中也。○三十三即亞倫子之中者、祭謝祀之犧血、並其脂、此人自得右肩焉。○三十四我在以色列族所動之胸與搖肩、我取在謝祭祀中而

賜之與祭司亞倫並其子、此乃以色列族中之永例矣。○三十五當日引
是人以供祭司之職、以奉事皇上帝也、則在化火祀皇上帝之
祭中、必取此物、給受傅油之亞倫並受傅油之子矣。○三十六即當日以
油傅之皇上帝諭以色列族給之、爲通歷代之永例矣。○三十七此乃焚
祭、饌祭、罪祭、愆祭、供職、謝頌祭之例矣、當日在西奈山皇上帝
諭以色列族以祭獻皇上帝、於是飭令摩西在西乃山之例如
右矣

第八章

一節皇上帝諭摩西云、二汝且帶同亞倫並其子、其衣、其傅油、及牛一
隻、以爲罪祭、並羝二隻、暨無酵之餅一籃、三而聚全黨在會帳房

之門也。[4]且摩西遵皇上帝所諭而行焉、而其黨在會帳房之門聚矣。[5]摩西謂其會、此事是皇上帝所諭行焉。[6]摩西帶亞倫並其子、方以水洗之、[7]以衣著之、以帶束之、以袍穿之、又著公服、而束之以公服之彩帶、且縛之也。[8]亦以胸牌着身、但在胸牌內有光誠之號。[9]按照皇上帝諭摩西、以首帕戴首、乃在額上貼其金扁、正是其聖旒。[10]且摩西將其傅油、以之傅帳房、及凡內所有者、而成聖之。[11]七次以之灑壇、傅壇並諸器、即其洗盤、其墩、而成聖之。[12]又將其傅油、而盛之在亞倫之首上、以成聖之也。[13]按照皇上帝諭、摩西即摩西帶亞倫之子、而穿之以衣、又束之以紳、又戴頭包。[14]又牽牛為罪之祭、而亞倫並其子手按在罪祭之牛首上也。

十五遂屠之、而摩西將其血、以指貼在周壇之角、且滌其壇、又盛血在壇之地矣。十六又取臟之諸脂、肝上之皮、與兩腎、並其脂、且焚之在壇上。十七按照皇上帝諭摩西、以牛、以皮肉、以糞燒在營外也。十八且牽其羝爲焚祭矣、乃亞倫並其子、兼按手在羝之首上。十九屠後、摩西以其血周灑壇焉。二十且切其羝後、摩西焚其首、肉塊、並其脂矣。二十一按照皇上帝諭摩西、以臟與腳洗水內、乃摩西焚全羝在壇上、正是焚祭之薰香、以火所祀之皇上帝矣。二十二又牽他羝、即供職之羝、且亞倫並其子、手按羝之首、且屠之、二十三且摩西殺之、而取其血、且貼之在亞倫左耳之聯、又在左手之拇、並在右腳之拇。二十四遂帶亞倫之子來、且摩西將血而貼之在右耳之聯、及左右手之拇、又在右脚之拇、摩西即以血周灑壇焉。○二十五方將其脂、其體、並在臟之諸脂、其肝之皮、其兩腎其脂、並右肩焉○二十六又由皇上帝之前無酵之籃、取出無酵之餅、並油餞暨扁餅、且按之在脂並在右肩之上也○二十七悉交亞倫之手、並其子之手、而在皇上帝之前搖之、爲搖之祭矣○二十八摩西即收之由其手也、且燒之在燔祭上於壇焉、此物捨去爲薰香、正是皇上帝以火之祀矣○二十九按照皇上帝諭摩西其供職之羝、屬摩西、然摩西將其胸而搖之、爲皇上帝前之搖祭矣、○三十且摩西將其傅油、並在壇之血、而灑之在亞倫、並其衣上、又在其子並其衣上、而以亞倫並其衣、以其子並其衣、兼成聖焉○三十一且摩西諭亞倫並其子云、在會帳房之門必煑其胙、按照我所諭云亞倫並其子必食之所有供職之籃內之餅必在彼兼吃矣。三十二 但昨餅所剩者必以火燒矣。三十三 七日內必拜契故限七日不得出會帳房之門迨及拜契之日滿焉。三十四 皇上帝諭依今日所行者仍行致代汝爲贖矣。三十五 故此按照我所諭者汝必七日晝夜住在會帳房之門而守皇上帝所囑者以免死矣。三十六 如此亞倫並其子悉遵皇上帝以摩西之手所轉諭者

第九章

一節 適八日摩西招亞倫其子並以色列長老輩。二 諭亞倫云汝且取幼犢爲罪之祭犧羝一隻爲禁祭犧兼必牷純而祭之皇上帝矣。三 即必諭以色列族云汝在羊中必取山羊子爲罪祭之犧初

年牲純之一犢一羔爲焚祭之犧又牛羝各一隻爲謝祭致祀
之皇上帝之前並饌祭以油所謂者正是今日皇上帝與汝必
現焉。五遂牽摩西所諭者到會帳房之門前並全黨近來而侍在
皇上帝之前焉。六且摩西曰此乃皇上帝所諭汝所宜行者則皇
上帝之煌榮與汝必現焉。七且摩西諭亞倫云按照皇上帝所飭
令汝且赴到壇而設罪之焚祀等代已並民爲贖又設民之祭
代之爲贖。八故此亞倫往到壇爲已屠罪祭之犢。九且亞倫之子帶
到其血遂以指沉血貼之在壇角且盛其血在壇之地矣。十按照
皇上帝所諭摩西者將其脂其腎及肝上之皮焚在壇焉。十一但其
肉並其皮一概焚之在營外。十二又屠其焚祭之犧而亞倫之子奉

之以血、所灑周壇焉。十三又奉之以焚祭並胙塊首等、遂焚之在壇焉。十四且洗其臟並其脚、燒之在壇於焚祭之上也。十五又帶民之祭牽民之罪祭羝犧矣、仍初屠而設之爲罪祭矣。十六又帶其焚祭、照例設之。十七遂帶其餅祭撮取而焚之在壇在早時焚祭之邊。十八兼屠牛羝羝、以爲民之謝祭、亞倫之子遂奉之以血、所周灑在壇。十九並牛羝之脂、其體、其臟之蓋、其腎、其肝之皮矣。二十又在胸上按其脂而焚脂在壇上。二十一遵照摩西所諭、亞倫將其胸並右肩搖之以爲皇上帝前之搖祭矣。二十二且亞倫向民舉手而祝之、祭罪祀焚祀並謝祀畢而去矣。二十三且摩西亞倫等進會帳房後出、而祝其民、於是皇上帝之煌榮現與庶民焉。當下由皇上帝之前有火冲出而燼在

壇之焚祭並其脂矣。庶民一看之、歡呼面伏矣

第十章

一節 且亞倫之子拏答亞庇戶等、各將爐而內裝火也、在其上排香而祭皇上帝所不諭之異火。二 忽有火出皇上帝而燬之、且死在皇上帝之前。三 摩西遂謂亞倫云、此係皇上帝所諭曰、所有就來我者、我必以之成聖、而在庶民前獲榮焉、然亞倫禁口也。四 摩西遂招亞倫之咸烏泄之子米沙耳、以利沙番等、謂之曰、就來、且擕兄弟離聖處往營外也。五 遂遵摩西之諭、以本衣包之、且擔之營外也。六 且摩西諭亞倫並其子以利亞薩、以大馬等曰、汝毋露首並毋裂衣、恐怒忌臨庶民、又汝死矣、但汝兄弟即以色列全

家緣皇上帝所燃之燬哀哭可也。[七]汝蒙抹以皇上帝之油、故不
得出會帳房之門、恐汝死矣、其則遵摩西所諭矣。〇[八]於是皇上
帝諭亞倫云、[九]汝巳並子入會帳房之時毋飲酒釀、恐汝死矣、此
乃汝萬代之永例矣、[十]致汝分別聖者與不聖者、潔者與污者、[十一]致
汝可教以色列族以萬條例、皇上帝所諭者以摩西之手也。[十二]且
摩西諭亞倫並所存之子以利亞薩、以大馬等云、以皇上帝之
火祀所剩者之饌祭、此係最聖者、故必食之在壇之邊、並毋庸
酵矣。[十三]我奉諭以此物歸汝並歸汝子、由以火所祀皇上帝之祭、
故必食之在聖處矣。[十四]汝並子女兼必食搖之胸與所動之肩在
清處、以色列族所祭之物、亦歸汝並歸汝子矣。[十五]其必帶所動之

肩並其搖之胸暨以火所祭之脂、在皇上帝之前搖之爲搖祭、而歸汝並汝子也、此乃永例皇上帝所諭者。[十六]夫摩西勤尋罪祭之羝、卻已焚焉、則怒所存者亞倫之子以利亞薩以大馬等云、[十七]既係最聖物而賜之與汝、以負其公會之咎、致在皇上帝之前代之爲贖、因何不食其罪祭在聖處乎。[十八]卻不帶血入聖處內、但汝必遵所諭者而食之在聖所矣。[十九]且亞倫謂摩西云、今日在皇上帝之前祀罪祭、焚祭、而此情臨我、倘今日食罪祭、則皇上帝眼內豈可取我乎。[二十]摩西聞此、則安心焉

第十一章

[一節]皇上帝遂諭摩西、亞倫等云。[二]汝轉諭以色列族地上之諸獸類

中所宜食之禽獸如左。[三]在牲中凡分蹄、支蹄者、復嚼者、俱可食矣。[四]所有復嚼分蹄並不得食者、即係駝、因復嚼並不分蹄、是以與汝爲汚矣。[五]其兎復嚼、並不分蹄、與汝係汚矣。[六]其貎因復嚼、但不分蹄者、與汝爲汚矣。[七]其猪雖分蹄支蹄、但不復嚼與汝爲汚矣。[八]其肉不得食、其屍不得摩、與汝爲汚矣。[九]凡在水所可食者如左、凡在海河水內有翅鱗者、可以食也。[十]但凡在水動者、並各在水之生物、凡在海河內無翅鱗者、此屬堪憎之物。[十一]汝以爲堪憎之物故不得食其肉、乃以其屍可壓惡矣。[十二]凡在水無翅無鱗者汝堪憎之。[十三]在鳥中所堪憎、並不得食者、係鷹鵰鴘。[十四]鸇鴉等類、各[十五]鴉等類、[十六]鴟鵂、鵄烏、白鶴、鵨等類、[十七]鸕鷀、塘鵞、練鴿。[十八]鵨鴞、泄鷯鸛鵲[十九]

鶚鴟等類鴛蝙蝠等。二十凡以四脚行爬之飛物、汝堪憎矣。但二十一凡飛
爬以四脚行之物、在足上有腿者、可以在地跳等物、食之可也。
二十二所可食者、係螞蝗類、蟄蟬類、螳螂類。二十三其餘飛爬有四脚之物、汝
必堪憎矣。二十四因此汝不爲汚、凡摩其屍者、迨晚必染汚矣。二十五凡擔其
屍者必洗其衣、迨晚染汚矣。二十六各牲分蹄、但不支蹄者、並不復嚼、
汝必爲汚矣、凡摸之者染汚迨晚焉。二十七各獸類之中以四足行者
凡以脚行者、汝必以之爲汚矣、此二十八與汝爲汚、擔其屍者必爲汚
迨晚焉、而洗其衣矣。二十九汝還必以虫爲汚如左、在爬物中在地上
所匍匐者、鼬蜥等類、三十[illegible]肥蛛、壁虎、蜨鼢。三十一凡爬者中、此乃其汚物、
汝必爲汚矣、死後各摸之者、迨晚染汚矣。三十二死後不論落何處者

亦染污矣、或係本器或衣、皮袋、不拘作工何器者、則必裝之水內、迨晚染污而必潔之矣。三十三 但落尾器內。凡所有內者必爲污、汝又必破之。三十四 凡以此水所調之物必爲污矣、而凡飲物所吃在各器內、亦必爲污矣。三十五 凡物其屍所落者、亦爲污矣、或爐或壺處因係污又汝必以之爲穢、然必拆矣。三十六 乃井源有盛水者係淸矣、但摸其屍者必爲污矣。三十七 自其屍落所要播種之所係淸矣。三十八 然種上盛水、而屍落其上、則必爲污矣。三十九 所可食之物若獘摸屍者必染污迨晚染污。四十 凡食其屍者、必染污迨晚焉、並洗其衣矣、又其屍者必染污迨晚、而洗其衣矣。四十一 凡在地上匍匐之物者、係堪憎之物、不可食之矣。四十二 凡以肚而行者、凡以四足而行者、凡在衆生中在地上所爬者有繁足、俱係堪憎之物、並汝毋可食矣、四十三汝毋以爬虫者自爲可堪憎、並毋自穢、恐汝染污矣。四十四我乃汝上主皇上帝乃聖、又汝必自備修、而爲聖焉、並不得以所爬地上之蟲類、自染污也。四十五我係皇上帝率領汝出麥西国爲汝皇上帝乃聖、又汝必爲聖焉。四十六右乃禽獸及凡在水中之生物、並各在地上爬物之例矣。四十七致以清污及可食之獸、並不可食之獸爲分別矣

第十二章

一節皇上帝諭摩西云。二汝且轉諭以色列族云、婦若懷孕生男子者、則染污連七日矣。三按照因疾離別之日期必染汙矣。於八日必斷其勢皮矣。四則仍住連三十三日在血之潔清矣。毋得摸聖物

並毋進聖處、迨及修潔之日滿焉。○五倘生女孩、則如在離別之時、必連十四日染汚、仍住連六十六日在血之潔清矣。○六本女自清潔之日滿、則必將初年之羔爲焚祭、鴿子暨斑鳩爲罪祭、帶到會幕房奉祭司矣。○七其必祭之在皇上帝之前、而代之爲贖、且除清所出之血、此係生男女兒之例矣。○八但婦不能帶羔、則必帶斑鳩二隻、鴿子二隻、一隻爲焚祭一隻爲罪祭、其祭司則以之爲贖、而婦必爲清潔矣。

第十三章

一節 皇上帝遂諭摩西亞倫等曰、○二遇有人在肉膚痂疕癧、而其肉膚猶痳瘋之恙、則必帶之到祭司亞倫、或到其子之一、即其祭司

矣。三其祭司遂必觀肉膚之恙、若其恙之髮變白、並所看之恙深
於肉膚者、正是痲瘋之恙、其祭司遂必觀之、而稱之汚也。四倘靨
在肉膚係白、看之非深於膚、又其髮不變白、則祭司以染此恙
者必禁連七日矣。五於七日祭司必觀之、卻看其恙止矣、並痒不
流於膚、則其祭司必還連七日禁之。六當七日其祭司再必觀之、
卻其痒變黑、並其痒不流於膚、則係痂而已、且祭司必稱之潔、
矣、但自必洗其衣爲清矣。七設祭司觀之、以爲清後但其痂多流
方祭司必再觀之。八倘祭司看痂流在膚者、則係痲瘋、而祭司必
稱之汚矣。九以所有痲瘋之人必帶到祭司矣。十但其祭司看出在
膚之痒白、其髮亦變白矣、又在痒有嫩肉焉。十一正是肉膚之舊痲

瘋此人係汚、而祭司必稱之穢、且禁之也○十二設麻瘋在膚發出、而
麻瘋延其染病之膚、自頂至踵、祭司遍所看者○十三其祭司則觀看
麻瘋延遍肉否、因悉變白、其人係清焉、且必稱染痒之人爲潔
矣○十四但臁肉發、則係汚矣○十五其祭司一看臁、而稱之汚矣、卽其臁係
穢、正是麻瘋也○十六但臁變改白、則必來到祭司矣○十七若祭司看之、郤
痒變白、則係清矣、且祭司以染病之人必稱潔矣○十八設在肉之膚
有瘡而醫矣○十九但在瘡之處有白痒、紅白之黶、則示之與祭司矣○
二十祭司看之、係在膚之下、而其髮變白則係在瘡所出之麻瘋之
疾矣○二十一但祭司看之、並無白髮、並不在膚下、而係黑矣、則祭司必
禁之連七日矣○二十二倘延在膚上、則係疾、而其祭司必稱之汚也○二十三倘

若癩止並不延則係癤而其祭司必稱之清矣。二十四設在膚有肉、則
係癤而腅所發者有白癩、紅白樣。二十五其祭司遂必觀之、卻其癩之
髮、而看之深於膚者、則係癤之所發之麻瘋、正是麻瘋之疾、而
祭司必稱之汙矣。二十六但祭司看出在癩無白髮、並不深於膚、乃係
黑、祭司遂連七日必禁之。二十七於七日、祭司必觀之、即多延於膚、則
係麻瘋之疾、而其祭司必稱之汚矣。二十八但癩在本處止矣、並不延
在膚、乃係黑樣、則係癤、乃癤瘧而其祭司必稱之清焉。二十九設男女
在首鬚有痒。三十其祭司必觀痒、若看係深於膚內有黃毫髮、則係
癬、首鬚之麻瘋。三十一但祭司觀痒癬、卻不看之深於膚者、並無黑髮、
祭司則以染痒癬人、連七日必禁矣。三十二於七日、其祭司必觀其痒

卻若癬不延、並無黃髮、而其癬於膚、三十三則必剃之、但不剃其癬、而祭司以染癬者必禁七日矣。○三十四於七日其祭司必觀癬、倘癬未延在膚、並不深於膚者、則其祭司必稱清、而自必洗其衣矣。○三十五但洗後多延在膚上。○三十六則其祭司必觀之、卻癬延在膚、其人係污、並祭司不必尋其黃髮矣。○三十七但着出其癬止矣、而發黑髮、而其癬已痊焉、其人係清矣、又其祭司必稱之清矣。○三十八男女若在膚上有靨白痣矣。○三十九其祭司卽必觀、卽有在肉膚之靨、係白黑様、其人係清、此乃生膚之疕矣。○四十人有光首者爲禿係清矣。○四十一首面向之處髮已濶、其額係禿、卻係清矣。○四十二但在禿首或在禿額、若有膿紅白様、正是在禿首、或在禿額所發之麻瘋也。○四十三其祭司必觀之、若其膿靨在

秃首秃額上、若係紅白樣、或其麻、瘋在膚肉內。四十四則係穢之麻瘋
人、其痒在其首上、而其祭司必稱之汚也。四十五其麻瘋人染此痒者、
必裂衣、光首、蓋其唇、呼曰汚乎汚乎。四十六染是痒之終日、亦染汚矣、
並爲穢矣、必獨住、而其字必在營外矣。四十七麻瘋所玷之衣、或呢、或
麻之裳、四十八或經緯呢麻之織、或皮、或用皮而造物。四十九其痒在衣、在皮、
在經在緯之織、或在皮之器、或青、或紅樣、則係麻瘋之痒、而必
示之與祭司矣。五十其祭司宜觀其痒、連七日禁有染是痒之人。五十一於
七日必觀、若痒延在衣、於經緯之織、抑在皮、並以皮所造之器、
其痒係麻瘋、係汚也。五十二此係麻瘋、故此以其衣、或呢、或麻之經緯
之織、或皮物染痒者、俱必燒之、然以火燬之也。五十三其祭司必觀看

出其痒延在衣或在經或在緯之織、或在皮物。○五十四於是祭司宜諭、致洗所染痒者、而尚禁之連七日矣。○五十五洗後、祭司必觀其痒、卻其痒未變色、而其痒未延者、則係穢、必以火焚之、或在內外係光乃非。○五十六洗後、祭司若觀痒係黑樣、則必裂之出衣皮、經緯織等物、○五十七尙現在衣、在經緯織皮物、則係延痒、遂所染痒者、必以火而燒矣。○五十八其衣或經緯之織、不論何皮物者、必洗矣、若痒清矣、必再洗之、而爲潔矣。○五十九麻瘋之痒、或在呢麻之衣、或在經緯者、或在皮物件、若稱之清、若稱之汚、其例如右矣

第十四章

一節皇上帝遂諭摩西云、二當日麻瘋者自潔、其例如左、必帶之到祭

司矣。三其祭司遂出營、又其祭司必觀看、其麻瘋之痒已醫否。四祭司遂諭由將潔之人生清鳥二隻、香松木、絳布牛膝草。五其祭司遂必諭以鳥一隻在瓦壺內於流水殺也。六又將其生鳥、香松木、絳布並其生鳥牛膝草、皆沉在流水上所殺之鳥血矣。七則以之七次灑所要潔麻瘋之人、而稱之清、且放生鳥在野。八而其清人則洗本衣剃諸髮、自滌在水內以爲清矣、嗣後必進營而連七日住帳房外。九於七日必剃首鬚眉之衆髮、即必剃諸髮、而洗衣、在水浴身而爲清矣。十於八日必將純牲羔二隻、純牲初年之牝羔、三升幼麵粉、以油所雜者、並一斗油以爲餜祭。十一成潔之祭司、必帶該人並其物件、在會帳房之門、到皇上帝之前。十二其祭司遂

必將牝羔、以爲愆祭、並一斗油、而在皇上帝之前動之、爲搖祭
矣、○十三屠罪焚祭等犧之處、正是在聖所、亦必宰之、此係至聖、猶罪
祭屬祭司、其愆祭仍此焉、○十四其祭司遂必取愆祭之血、而祭司必
貼之在成潔人之右耳、在右手之拇、又在右腳之拇、○十五且祭司必
取是升之油、而盛之在左手之掌、○十六其祭司右指沉在所執左手
之油、且在皇上帝之前七次灑矣、○十七其祭司卽將在手之餘油、而
貼之在成潔之右耳、在右手之拇、在左腳之拇、在愆祭之血
上矣、○十八祭司手內之餘油、必盛在將潔之首、而祭司代之必在皇
上帝之前爲贖矣、○十九緣所將滌穢之人、其祭司必作贖、而設罪祭、
嗣後必屠焚祭之犧、且其祭司必祀焚祭餼祭在壇上、又其祭

司必為之作贖、而自為潔矣、倘其人係貧、並未得此、則必將羔一隻為燔祭、而搖之、代為贖、而以麵粉雜以油一升、並油一斗為饌祭、○二十二另所可得之、或班鳩二隻、或鴿子二隻、為罪祭、一為焚祭、等於○二十三八日必帶之到會帳房之門、在皇上帝之前、奉之與祭司、致潔之○二十四其祭司遂必將愆祭之羔、並一斗油、且其祭司必搖之、在皇上帝之前、為搖祭矣、○二十五且必屠愆祭之羔、而其祭司必將愆祭之血、且貼之於將潔之右耳聯、並右手之拇、暨右腳之拇也、○二十六其祭司必盛油於右手之掌也、○二十七且其祭司以右指七次必灑在左手、於皇上帝之前、○二十八其祭司遂以手內之油、必貼將潔之右耳聯、其右手之拇、及右腳之拇、在愆祭之處也、○二十九在祭司之手之餘

油、必斟於將清人之首、致在皇上帝之前爲贖矣、三十所能得之班
鳩一隻或鴿子一隻、必祭矣、三十一卽所能得一隻爲罪祭、一隻爲焚
祭、暨餅祭、而其祭司必在皇上帝之前、代將清之人爲贖矣。三十二有
染麻瘋、以手不得以潔之者之例如右矣。三十三且皇上帝諭摩西
亞倫等云、三十四汝進加南地、我所賜汝爲業、而我以麻瘋染業之宅、
三十五其屋主遂來報祭司云、我想在本屋有痒矣。三十六祭司遂必進屋以
觀痒以前、其祭司必諭備之、恐在屋內諸物不染汚矣、嗣後其
祭司進屋以觀之也。三十七遂覩痒、看在屋之墻有青紅様之班條、沉
於墻者、三十八祭司則出屋門、關宅七日。三十九及第七日、祭司必返來觀看
若其痒延在屋墻否。四十祭司必遂吩咐取去所染痒之磚、而投之

城外、於污處、亦使周刮屋、且倒出其所刮之塵埃在城外穢處。
四十二 另帶別磚、代彼磚置之、另用灰以刷其屋也。○四十三 倘取磚、刮屋、刷之
後、其痒再染、復發在屋中、四十四 方祭司宜來觀看其痒延屋中、否係
毒麻在屋、而係污也、○四十五 遂必將屋磚構、與屋衆灰俱拆、扛出城外
到污處也。○四十六 且屋闔之際、進之者、至夕爲污也。○四十七 卧其屋裡者宜洗
其衣、食其屋裡者、亦宜洗其衣也。○四十八 惟刷屋後、若祭司進來、看麻
染不延、則其痒已除、而祭司遂宜以屋稱潔。○四十九 欲淨其屋、則宜取
一對鳥、香松木、絳布、牛膝草、○五十 且宰其一隻鳥、於瓦器內、在流水
上。○五十一 遂將其香松木、牛膝草、絳布等物、並其生鳥、沉之在屠鳥之
血、並在流水、且灑屋七次也。○五十二 方以鳥血、流水、生鳥、香松木、牛膝

草絳布等物、必淨其屋也。惟放其生鳥城外之野、代屋爲贖、就爲清也。○五十四此例涉各項麻瘋瘍病、○五十五並屋宇衣服之染麻、○五十六兼痲靂癬、○五十七以教清何耶、而污何耶、乃麻病之例也。

第十五章

一節皇上帝遂諭摩西亞倫等云。○二宜轉諭以色列族曰、若人身上有白濁症、則其人因其濁染汙也。○三且白濁染身乃如是、身或有疾、抑身之淋止、正染污矣。○四凡有淋者所臥之床染穢、所坐之各物玷污也。○五凡摸其床者、必浣本衣、水內浴身、至夕染污。○六凡坐有白濁症者之同座、宜洗本衣、水內浴身、至夕爲污。○七凡摸有白濁者之身、應浣本衣、水內浴身、至夕爲污。○八若其白濁者唾向潔人、彼

宜浣本衣水內浴身至夕染污也、○九有白濁者凡所騎之鞍、即爲
污也、○十凡摸其下諸物者至夕爲污、凡負其物、宜浣衣在流水、內
浴身、至夕爲污○十一倘其染白濁者、不先滌手而摸人、則宜洗水、水
內浴身至夕染污矣○十二有白濁者所摸之瓦器者、宜破之、凡木器
者、宜水內洗矣○十三且有白濁者得淨其淋、則必計七日以自淨、後
宜浣衣、在流水浴身、遂爲清也○十四及第八日須帶一對斑鳩、或一
對嫩鴿、至會幙房門外、在皇上帝前奉之與祭司、○十五且祭司必獻
之、一爲罪祭、一爲燔祭、乃祭司緣其白濁爲贖在皇上帝之前
矣○十六倘人遺精、宜渾身水內沐浴、至夕爲污○十七凡精染之衣皮宜以
水洗之至夕爲污也○十八倘男女相交流精、則兩者以水浴身、至夕

爲污矣。[十九]若女人抱淋病、身流血、則必獨居七日、凡摸之者至夕
爲污矣。[二十]當守月經之時、凡所偃之物爲污、凡所坐之物爲污也。
[二十一]凡摸其床者、宜洗衣浴身、至夕爲污也。[二十二]凡摸其所坐上之物者
須浣衣水內浴身、至夕爲污。[二十三]若在其床兼所坐之物者、人一摸
之、至夕爲污。[二十四]正有經時、若人與女相交、則其人染污七日、其所
偃之全床亦係污也。[二十五]若女人月經之外、或逾月經之期、有血流
者、則血流諸日之時、其必染污如月經之時一然。[二十六]當血流之諸
日其所臥之床、必如月經之床一然、亦所坐之物係污、如月經
之物一然污也。[二十七]凡摸此物者必爲污穢、宜浣衣水內浴身、至夕
爲污也。[二十八]倘女人得淨血流、則可計七日後全潔也。[二十九]及第八日必

帶一對班鳩或一對嫩鴿、奉祭司會帳房門前也。三十且祭司必獻、一隻爲罪祭、三十一一隻爲焚祭、而祭司緣女之血流、必爲贖在皇上帝面前也。如此可淨以色列族、脫其污穢、恐染污而濁其中之本帳房、而死也。三十二有白濁者、有遺精且染者、三十三女有月經者、或男女有血流者、及男交污女者、俱歸此例矣、

第十六章

節一且亞倫之兩子、設祭而在皇上帝前死之後、二皇上帝諭摩西云、我將乘雲、而現在恩座之上、爾可轉諭兄亞倫云、毋常時進聖所、即簾內在法箱上恩座之前者、恐其即死、三然亞倫進聖所宜乃如是、即牽犢爲罪祭、羝爲焚犧矣、四遂穿蔴布之聖衣、以蔴布

之褲穿身、腰束蔴布之紳、首戴蔴布之冠、正是聖衣、故當水內浴身後可着之也。亦可牽由以色列之會黨之二口羊子、爲罪祭、一羝爲焚祭矣。夫亞倫宜緣已獻犢爲罪祭、代已及本家爲贖、亦牽二羊詣會幔房而獻之、在皇上帝面前、且亞倫因羝必掣鬮、一隻屬皇上帝、一隻爲放生之羝也。且亞倫得皇上帝鬮之羝、以之設爲罪祭矣。惟得鬮當放生之羝者、必奉之活生在皇上帝面前、以爲贖、後釋之爲放生羝、容走野外矣。且亞倫親自必牽本牛犧之罪祭、爲贖、即緣自躬並其家、而屠親自之罪祭之牛犧矣。遂由皇上帝面前之壇、必取一爐滿於燒火炭、且盈握破碎之馥香料、帶進簾內、便將香料置諸火上、在皇上帝之前、台香煙雲遮箱之恩座、免其死亡、十四將牛血、以指灑之恩座、東向、又以指灑血在恩座之前七次也。十五遂將緣民之罪祭羊屠之、帶血簾內、以此血所行、如牛血一然、且灑之諸恩座之上、及恩座之前也。十六緣以色列族之污弊、又緣所犯之諸罪、亞倫代聖處可寫贖、然在其汙中、所有會帳房、亦必如此行焉。十七正亞倫進聖所以為贖、無人可同在會帳房內、然亞倫緣自己、緣本家、並緣以色列眾會為贖、便可出去。十八於是出到皇上帝面前之壇、因此行贖、且取牛之血、並羊之血、周壇貼角、十九並以指染灑壇七次、修潔而淨以色列族之汙弊、二十贖聖所會帳房等壇贖畢、則必牽活羝、二十一惟亞倫必按雙手首上、認謝以色列族諸咎及悉所犯之諸

罪、置之羊之首上、以能人之手放之曠野。二十二其羊將負其諸罪、往
荒蕪及其人放羝曠野矣。二十三且亞倫必進會帳房、而將初入聖處
所穿之蔴布之衣、脫之放留彼。二十四遂於聖所以水浴身、穿衣出來
設本焚祭、兼民之焚祭、緣己緣民爲贖也。二十五然罪祭之膏焚諸壇
上也。二十六且放羝宜釋羊之人、必浣衣、水內浴身、後進寨可也。二十七乃罪
祭之牛、並罪祭之羝、血所帶進聖所以爲贖、宜帶在營外、其皮
肉糞俱火燒也。二十八然焚之者宜浣衣、水內浴身、然後進寨可也。二十九斯
乃汝之恒例、即七月、是月之初十日、爾等必須自磨難、不論本
国人與寓汝中之旅客、兼必罷百工。三十蓋是日祭司宜代爾爲贖、
淨爾、致爾爲潔、盡脫諸罪、在皇上帝面前。三十一且是日將爲安息日、

爾應磨難親自、此是恒例矣。○三十二且亞倫所傳油之祭司、而派代父
當祭司之職、此人必穿幼蘇布之衣、即係聖衣、以爲贖也、三十三其必
緣聖堂爲贖、緣會帳房壇等爲贖、又緣祭司兼衆會之庶民悉
爲贖矣。○三十四每年一次、爾必緣以色列族諸罪行贖、以爲恒例、○三十五且亞
倫遵皇上帝所命摩西者而行也、

第十七章

一節皇上帝遂諭摩西云、二爾等諭亞倫與其諸子、及以色列衆族云
皇上帝諭曰、三凡屬以色列家屠牛羔羊、或屠之於寨內、或屠之
於並外、四並不牽到會帳房門、以祭祀皇上帝、在皇上帝神堂之
前者、則其血必歸此人、其已流血、故此以是人必絕於本民焉。

五故此以色列族將野所獻之祭、擕帶到會帳房門、而擕之到皇
上帝且交之祭司以祭皇上帝、爲謝祀矣。六且祭司在會堂門前、
必灑其血在皇上帝之壇上、並焚其膏、爲皇上帝之薰香矣、。七昔
所媢嫪之鬼、再不必祭矣、此爲歷代之永例矣。八亦必諭之云、凡
以色列家人、或寓汝中之客族、各人焚祭獻祀、。九若不帶之到會
帳房之門、以祭之與皇上帝者、以是人必絕於民焉。十凡以色列
家各人、並寓汝中旅客者食血、我則必對頭食血之人、而絕之
於本民。十一蓋身之生只掛諸血、且我與汝賜之在壇、緣本靈以爲、
贖係乃血以贖靈以焉、。十二故此諭以色列族云、爾中諸人、不可食、
血並寓汝中旅客毋食血。十三但凡以色列族、並汝中寓之旅客猶

獲可食之獸、則必須傾出其血、〇十四蓋血乃衆生之命、故此我禁以
色列族云、諸生之血、切不可食、蓋衆生之生命係血矣、〇十五但凡食
之者、必見絕誅矣、不論本國人、或旅客、但凡食自斃之屍、或野
獸所抓裂者、應浣衣、水內浴身、至夕爲污、於是爲潔也、〇十六倘不浣
衣浴身者、則必負本罪也、

第十八章

一節 且皇上帝諭摩西云、諭以色列族曰、我乃爾上主皇上帝矣、〇三昔
居麥西地所行者、汝不得仍行、又我率汝到迦南地、亦不得效
其行焉、並勿循其法度也、〇四我係爾上[illegible]皇上帝、然爾當順遵本
律例、守本法度而遵行焉、〇五我乃皇上帝、爾宜守本法度而遵我

律例、蓋人行之可保命也。○六我乃皇上帝、汝中毋必與親眷相交
茍合。○七勿露父身毋露母之身、既係汝母勿露其身哉。○八勿露後母
之身、正是父親之身焉。○九勿與同父或同母之姊妹相交、不論生
家內家外者、俱不可露身也。○十勿與孫女、或外孫相交、正乃如本
身也。○十一勿與後母之女相交、其亦係妹、故勿露其身焉。○十二勿與姑母
露身、正乃父親之骨肉也。○十三勿與母姨露身、正乃母之親眷也。○十四勿
露伯叔之身、並毋與其妻交、其乃爾嬸也。○十五勿與母媳婦相交因
乃本子之妻、故勿露其身也。○十六勿與兄弟之妻露身、正乃兄弟之
身焉。○十七毋露婦並其女之身、又勿與其女孫或外孫女露身、蓋係
親眷、斯乃惡嬖也。○十八本妻尚生時另勿娶其妹、而露身、致生嫉妬

婦、十九月經之時、勿與之相露身交也。二十勿與他人之妻茍交致自染汙也。二十一我乃皇上帝、勿容苗裔通火、以奉魔洛菩薩、亦勿褻瀆爾上帝之名也。二十二勿與男相交如媾諸女、正是甚可醜弊也。二十三勿與禽獸相交、以染汙本身。其女毋必招禽獸以交之、正乃亂倫。二十四爾勿以此惡弊自汙。蓋我所逐之人類、皆以是弊自汙焉。二十五是故其地染汙、且我治其罪、又其地自吐居民矣。二十六是故不論爾本国人、或在汝中之旅客、皆當守本法度律例、並毋行此醜弊也。二十七蓋古來之本地人、行此諸惡弊、而其地染汙也。二十八恐爾若汙地、地亦吐爾出、如吐汝前之人類也。二十九但凡行此可醜之弊者、則以犯之人、必絕於本民焉。三十我乃爾上主皇上帝、故應守本法度、並勿行汝前

所行之醜規矩、免自染汙也

第十九章

一節 皇上帝諭摩西云。二 爾可諭以色列族衆會曰、爾上主皇上帝、本乃聖、故爾當爲聖焉。三 我係爾上主皇上帝、爾中各人宜敬畏父母、並守本安息日也。四 我乃爾上主皇上帝、汝勿崇菩薩、勿鑄塑像。五 倘爾以謝祭祀皇上帝、則宜甘心奉之矣。六 獻之日、或明日必食之、若於第三日尚存者、宜焚之以火。七 倘祭物第三日見食、甚屬爲可惡、並毋可取之也。八 故此凡食之者褻瀆皇上帝之聖物、而必負其罪、又緣此必絕之於本民焉。九 我乃爾上主皇上帝、卽爾穫土產之時、則勿盡刈田地諸隅、亦勿斂其穡之遺穀。十 又勿

盡摘爾葡萄園、並勿斂其葡萄剩菓、乃宜遺之與貧窮旅客。十一我
乃皇上帝、毋偷、毋騙、並勿相謊。十二勿指我名誣誓、勿瀆爾上帝之
名。十三勿哄、毋刼伴侶、傭人之工錢、終夜至旦毋留也。十四我乃皇上帝
勿詛聾人、勿置磯在瞽者之前、乃宜敬畏爾上帝矣。十五在判斷之
際、勿行不義、勿顧貧人、勿偏袒富人、乃公平判斷他人。十六我乃皇
上帝、勿在民中來往說人之是非、並以他人之血享、不得反也。
十七我乃皇上帝、汝心內毋怨兄弟、乃責之、並毋陷罪。十八勿報仇憾恨
民之子、乃愛他如己。十九爾應守我法度、勿容汝畜與異獸類苟交
勿以雜種播田、勿穿布衣參絨也。二十女婢與丈夫許聘者、並未釋
放、若與人私通、則必受鞭、因未放亦無死罪。二十一其男宜帶一羝為

愆祭、皆會帳房之門前、奉皇上帝為愆祭、二十二 祭司必將愆羝犧、因所行之罪已祭在皇上帝前、則所犯之罪可赦也。二十三 爾既至彼地、栽植各樣果樹、則三年間可算其果若猶不淨、既係汚穢、勿食之也。二十四 及第四年各果係聖、可讚皇上帝矣。二十五 我乃汝上主皇上帝、待第五年、方可食其果、則可產生矣。二十六 爾勿食物包血、毋用邪術守期。二十七 勿剃首角、勿剃鬚角、二十八 我乃皇上帝、勿為死者劃肉身、勿點號身上、二十九 勿辱本女以令之為娼妓、恐其地淫亂、又其地滿以乖戾。三十 我乃皇上帝、爾宜守我安息日、並敬本聖所矣。三十一 我乃皇上帝、汝勿顧邪術之人、勿問巫師、以免自染汚。三十二 我乃皇上帝、在皓首之傍宜起、而宜遵老人之面、且敬畏爾上帝。三十三 若旅客寓爾地者、則勿難爲之、我乃上主皇上帝、汝昔係旅客在麥西国、故所寓爾中之旅客者、汝宜待如生爾中一然、又當愛之如己、三十五 在審案在量度秤碼等、斷勿爲非義矣、三十六 我乃汝上主皇上帝、率汝出麥西国地、汝必有公平秤、公平碼、公平斗、公平升也。三十七 我乃皇上帝、故爾當守本諸法度、諸律例、兼遵行焉

第二十章

一節 皇上帝諭摩西云、二 爾可轉諭以色列族云、凡以色列族人、或寓以色列地之旅客、以親兒奉魔洛菩薩者、一定必誅之、而本地民、必以石擊之也、三 既以本兒奉魔洛、以瀆本聖所、而褻本聖名、故我將對頭彼人而殄滅之、在本民中、四 若地民閉眼並不看之

以本兒奉魔洛、且殺之則○五我將對頭、彼人兼其家、及凡淫隨與
魔洛苟合者、俱殄絕之民中矣○六但人歸邪術、巫師、以戀慕之者、
我將對頭是人、而殄絕之於民中矣○七我乃爾上主皇上帝、故當
自潔成聖也○八我乃皇上帝成聖、汝故當守本法度、遵照而行焉○
九凡咒父母者、一定必誅也、彼詛父母者、其血歸之○十凡淫他人之
妻苟合伴之妻、其姦夫淫婦、並必殺也○十一人與父之妻相交、已露
父親之裸、其兩者並必殺、其血必歸之矣○十二凡與媳婦共枕者、既
亂人倫也、二人必死、及其血歸己也○十三凡與男交如與女合房者、
俱行醜弊、兩者必定死、及其血歸己也○十四倘人娶妻另娶外母者、
係屬惡弊、三人必以火焚、並爾中無惡弊也○十五凡人與獸其交者、

一定必死、汝亦必殺其獸矣。十六倘女人合獸同臥者、則當戮兩者、
及其血歸己也。十七倘人娶其同母之姊妹、以相交合房者、則乃惡
弊、即民同眼、必誅戮之、因露姊妹之身、故自負罪矣。十八倘人與有
月經之婦共合房者、則露婦之產門、婦亦露其血之源、兩者必
殄滅民中矣。十九爾勿與母姨並姑母相交、因與骨肉行房、必負其
罪也。二十凡與伯叔之妻共交者、既辱伯叔也、兩者必負其罪、並無
子而死矣。二十一娶兄嫂者、而露兄之身、此係汚弊、俱必無子而死矣。
二十二爾當守本諸法度、諸律例、遵行、則我所督爾到之地、不將吐爾
出也。二十三但勿效我所逐爾前人類之規矩、因作此諸弊、我恨壓之、
二十四我乃爾上主皇上帝、分別汝與他國者、我應承、爾將嗣接其地、

又我將賜之與爾致據之、即是有乳蜜流之地也。〇二十五故以潔污獸潔污禽別也、免以吾靈狀見壓、以吾所辨別爲污之禽獸、抑匍匐地各項活動之物。〇二十六我係皇上帝乃聖、又擇爾出他国歸我、故爾當爲聖也。〇二十七男女賦巫神爲覡、必誅之、即以石擊之死、而其血歸己也

第二十一章

一節且皇上帝諭摩西云、爾可諭祭司、即亞倫諸子、諭之云、勿以民中之屍自污也、〇二獨爲親近骨肉、即父母子女兄弟、〇三亦因親姊妹未嫁丈夫之貞女、自染污可也。〇四然祭司係民中之長者、則不宜自污成俗焉。〇五祭司不可剃頭禿、亦勿剃鬚邊、並勿自劃身也、〇六而

當成聖在上帝之前、並不褻瀆上帝之名、葢奉皇上帝化火之祀、並獻本上帝之餅、故當爲聖也。○七祭司爲聖、歸上帝、故勿得娶娼妓淫婦。又勿與丈夫所逐之妻結親。○八我乃皇上帝成汝聖者、亦係聖焉。故奉皇上帝之餅之祭司、當爲聖、而必成聖之也。○九倘祭司之女淫邪、自汚、則辱本父、故當以火焚之也。○十諸兄弟中爲祭司元魁、而傅油盛其首上、曾赴聖職、以穿公服者。則勿露首裂衣矣。○十一並勿赴屍、並爲父母勿自汚也。○十二勿出聖所、勿瀆上帝之聖處、葢上帝傅油之冕旒在其首上、且我乃皇上帝矣。○十三其宜娶貞女爲妻。○十四但寡婦、抑被逐之妻、抑淫婦娼妓者、兼勿娶也。只可娶本民之貞女爲妻也。○十五亦勿辱其苗裔在民中。葢我皇上帝祝聖之矣。十六且皇上帝遂諭摩西云、十七且諭亞倫云、凡爾世代之苗裔、有殘疾者、則勿近前、以奉上帝之餅也。十八蓋凡有病殘之人、或盲、或跛、或扁鼻、或有餘肢。十九或斷腳、折手、或駝背、或矮短、或瞕翳、或生癬、或有瘡、或壞腎、俱不得近就也。二十一凡祭司亞倫之族、有殘疾者、以火之祀所奉皇上帝者、不得近就也。彼有殘疾、故不得近來獻本皇上帝之餅也。二十二乃可食上帝之餅、其卽聖、兼其至聖者。二十三但既有殘疾、則不可進幬內、並不可就壇、恐染汚我聖處、蓋我係皇上帝而成聖之也。二十四且摩西以此諭傳亞倫及其諸子、並以色列諸族矣

第二十二章

皇上帝諭摩西曰。二我乃皇上帝。爾可命亞倫及其諸子。當自分
別。與以色列族之聖物。免以捨我之物。毋褻瀆本聖名焉。三我乃
皇上帝。可命曰。凡爾歷代之子孫之中。自染汚身。就以色列族
所獻皇上帝之聖物者。則必絕之於我前矣。四凡屬亞倫之族。有
麻瘋病者。流白濁者。並勿食聖物。待自净也。凡摸屍骸之汚穢。抑
流精之人。五抑摸涴人之匍蟲。或摸汚人致自染。六凡摸此等者。至
夕必汚。並未水內浴身之前。不可食聖物矣。七日落之時。其係清
物。因聖物乃其口糧。嗣後食聖物可也。八我乃皇上帝。凡自斃抑
被野獸所抓死者。自不可食之。以免染汚。九蓋我係皇上帝成聖
之。故當守我禮儀。免瀆之負罪而死矣。十旅客毋食聖物。祭司之

客。兼傭人咸勿得食聖物。十一惟若祭司以銀買人、則可食之。家裡所生者、亦可食其糧也。十二倘祭司之女嫁與異人、並不可食所祭之聖物。十三惟若祭司之女守寡、或被休、並無子而歸父家、仍幼時者、則可食父親之糧。但異人不可食之也。十四若人悞食聖物者、則必加五分之一、連聖物賠還祭司也。十五且以色列族所奉皇上帝之聖物、不可瀆也。十六我係皇上帝成聖之、故食聖物之時、不可容之負本罪懲也。十七○且皇上帝諭摩西云、十八爾可命亞倫並其諸子、及以色列族庶人云、凡以色列之家、或住在以色列之異人、因悉所發願、又因悉所甘心獻物所要之設祭、奉皇上帝為焚祭、十九則宜甘心奉牲牡、或牛、或綿羊、或草羊。二十但凡殘疾者、不可獻之、又汝不得取之○二十一凡依所願獻牛羊犧爲謝祭、或甘心設祭祀皇上帝者、宜奉牷牲並無疵者○二十二凡瞽者蹶者傷者、有痘瘤者、生癬疥者、俱不可獻皇上帝、又不可以火化壇上奉皇上帝矣○二十三却牛羊肢有缺有餘者、可獻爲甘心之祭、惟發願則不得納也○二十四凡閹碎割斷勢之牲、毋可奉皇上帝、並在汝地、不得祭之○二十五既壞又有疵、不得取之、並以此諸物不得向異人之手而牧之、且奉汝上帝之餅矣○二十六且皇上帝諭摩西云、○二十七凡牛棉羊草羊產時、則當偕母七日、然自八日以後、可取之化火祀皇上帝也○二十八不論牛羊母、不可同日殺、毋並殺子也○二十九倘爾欲獻讚頌之祭、奉皇上帝、則必甘心獻之焉○三十我乃皇上帝、汝即日必食之、勿留之至明日矣○三十一我乃皇上帝、汝當遵照我律例而行、（三十二）我乃皇上帝、成聖汝者、故勿褻瀆本聖名、却在以色列族中、我必爲聖焉、（三十三）我乃皇上帝也、昔率爾等出麥西、爲爾上帝也

第二十三章

（一）且皇上帝諭摩西云、（二）爾當轉諭以色列云、所有皇上帝之節期、爾所當招聖會之時、我聽禮如左、（三）六日之間、可作百工、惟於第七日爲安息之聽日、聖會之時、爲皇上帝之安息日、在爾諸房於是日勿作百工也、（四）另有聖會之際、皇上帝之禮節隨期、當宣之也、（五）正月十四日晚時候、爲皇上帝逾越之節期也、（六）是月望日、爲皇上帝無酵餅之節期、七日之間爾必食無酵餅也、（七）初日宜

招聖會、僉毋作俗工也、乃七日間、必以火化之祀祭皇上帝、惟
第七日、可招聖會、僉毋作俗工也、〇九於是皇上帝諭摩西云、〇十爾可
轉諭以色列族云、既到我所將錫爾之地、而穫時、則當以稼穡
之初實帶禾一束、奉與祭司、〇十一且將其稻束搖之在皇上帝之前、
致蒙其納享、正安息後日、其祭司應搖之也、〇十二當搖束禾之日、必
獻初年牷牡羔、爲皇上帝之焚祭、〇十三其饌乃二升幼麵粉交油化
火爲薰香祀皇上帝、其奠祭者、當有甕酒四分之一也、〇十四爾等未
祭汝皇上帝之日以前、不可喫餅、抑炙穀、抑播種、此乃統歷代
在各宅之承例、〇十五自安息日後一日、爾奉束稻、爲搖祭之時、宜算
七禮拜完、〇十六至第七禮拜之後日、共計五旬、就以新饌祭皇上帝

也。○十七爾當自居處攜出二升幼麵、以酵烍之、爲搭餅、屬皇上帝之初實也、○十八借此餅將初年牲之羔七隻、兼一犢二羝、以爲焚祭奉皇上帝、兼其饌膳奠酒、以火化之、薰香奉皇上帝也。○十九遂將羝子爲罪祭、暨初年之羔兩口、爲謝祀也。○二十惟祭司將此物與初實之餅、及兩隻羔、搖之、爲搖祭在皇上帝之前、皇上帝之聖物歸祭司矣。○二十一當是日、爾宜招聖會、並罷百工、此乃遍宅統歷代永例也。○二十二我乃汝上主皇上帝、既刈田產之時、毋得盡刈田隅之稻、並勿收斂散穗、乃遺之與貧民異人矣。○○二十三且皇上帝諭摩西云、○二十四爾宜轉諭以色列族云、七月、是月之初一日、可守安息日、即招聖會、及鳴號筒爲誌矣。○二十五是日必罷百工、以火化之祭奉皇上帝矣。○

二十六 皇上帝遂諭摩西云、二十七 七月初十日、爲贖罪之日、宜招聖會、並自加苦、又以火化之祀祭皇上帝矣、二十八 是日爲贖罪之日、代爾贖罪、在爾上主皇上帝之前、故必罷百工也、〇二十九 但凡是日不自加苦者、則必絕之於民中也、〇三十 又當日凡作工者、吾將殄滅之民中、〇三十一 切不可作工、斯乃遍宅統歷代之永例焉、〇三十二 是日將爲安息之瞻禮、於是月初九日晚時、當自加苦、即自今夕至明夕、必守安息日矣。〇

〇且皇上帝諭摩西云、爾宜諭以色列族云、七月望日、爲搭棚之節期、緣皇上帝守之連七日矣、〇三十五 首日宜招聖會、必罷百工、〇三十六 七日之間、可以火化之祭奉皇上帝、及第八日宜招聖會、以火化之祭奉皇上帝、正乃肅會、斷勿作俗工也、〇三十七 斯乃皇上帝之節期

當時宜招聖會、以火化之物祭皇上帝、即焚祭、饌膳、祀禮、奠酒、每日有之。三十八 另必守皇上帝之安息日、亦獻爾禮物、另凡所發願、凡甘心之祭、奉皇上帝矣。三十九 七月望日、斂土產之後、七日之間、宜守皇上帝之節期、於初日爲安息、及第八日亦有安息日。四十 當首日時、爾必將茂樹之枝、棗樹之枝、蓁樹之枝、與溪柳之枝、遂七日間、在爾上主皇上帝前面必歡喜焉。四十一 每年七月當守是日爲皇上帝之節期、此係統歷代之永例矣。四十二 爾連七日間、必居在支棚內、凡生爲以色列人者、宜居支棚內。四十三 如此爾苗裔可知我乃爾上主皇上帝、我率以色列族出麥西地之時、使之居支棚內。

四十四 夫摩西以皇上帝之節期傳報以色列族矣

第二十四章

一皇上帝遂諭摩西曰、二爾宜命以色列族、將所醡出淸橄欖油點燈、爲恒光、卽是在聖龕幰外會堂之內、三亞倫必置之、從夕至旦、常焰在皇上帝面前、以爲統歷代之永例矣。四且亞倫排燈在淸燈其恒在皇上帝面前矣。爾可將幼麵粉炕十二餅、每餅以二升也、六且排之兩行、一行六餅、於淸桌上、在皇上帝面前、七每行必排淨乳香在餅上、爲記表、卽以火化之祭奉皇上帝矣、八每安息日、必常排其餅在皇上帝面前、接永約向以色列取之矣。九此物歸亞倫並其子、且必食之在聖處、接永例、此在火化奉皇上帝之祭中爲至聖矣。十有以色列族婦之子、其父係麥西人、出遊以

色列族中、且此以色列婦之子、與以色列人寨中相鬬也。○十一原來
此以色列婦屬但之宗派、乃底伯俚之女名示羅密、夫其子褻
瀆詛皇上帝之名、遂帶到摩西、十二且監禁之、一俟皇上帝啟本旨
矣。○十三惟皇上帝諭摩西云、十四彼咒詛之人、可帶出寨外、而諸聽之者、
宜按手其首上、方衆會必以石擊之也。○十五且爾可諭以色列族云、
但凡咒詛其上帝、必負其罪也。○十六褻瀆皇上帝之諱、一定必誅之、
乃衆會必以石擊之也、不論土人異客、褻瀆皇上帝名之時、俱
必受死也。○十七凡殺人者、必致死也。○十八凡戮牲者、必賠還之、以牲償牲。
十九凡殘害伴、依其所作、必如此行之、二十即傷償傷、目償目、齒償齒、如
其所殘人者、亦必如是行之也。○二十一殺畜牲者、必賠還之、但殺人者、

必致死也。二十二我乃爾上主皇上帝、故此不論土人異客、其例必同也。二十三維時摩西諭以色列族云、所咒詛者必帶出寨外致以石擊之方以色列人遵皇上帝所命摩西者而行也

第二十五章

一節昔在西乃山時、皇上帝諭摩西云、二爾可諭以色列族曰、既到我所錫之地、則必給地安息以敬皇上帝也。三連六年、可種田畝、六年間、可削葡園藤、以摘其果也。四惟第七年宜給地安息、卽皇上帝之安息、當時勿種田畝、勿削葡萄藤。五此乃地之安息年、故穡後之穭毋可收斂、並毋摘禾、削葡萄藤之果。六且地之安息年、可養爾與奴婢傭人及偕汝寓旅客、七又其土產與牲口並在地之

獸爲食也、爾宜算七年安息、卽七乘七年、且七安息年期、共算爲四十九年焉、○九當年七月初十日、卽贖罪之日、爾等宜欣慶吹號筒、而遍地必吹號筒也、○十爾當以第五十年成聖、遍地布告庶居民之釋放、此係樂喜年、各人必歸其本業、各人必歸其本家焉、○十一第五十年爲樂歲、勿稼、毋收穭、並以其未削之葡萄藤勿摘其果也、○十二是乃樂歲、當爲聖、年所生諸田者、爾可食也、○十三當此樂歲之際、各人宜歸本業也、○十四倘向別人賣、抑向他人之手買也、勿相欺焉、○十五依樂歲後年數、爾向他人可買、又依出果之年數、其可賣與汝也、○十六據年之多、爾可起價、照載之少、爾當減價、蓋人賣業當估果實而賣之與爾也、○十七我乃汝上主皇上帝、故勿相欺、乃敬畏

上帝也。十八是以宜遵我法度、守我律例而遵行焉、則可安居地中
也。十九地將出其土產、致爾食飽、而安居也。二十倘爾問云、在第七年旣
不可稼並不獲產、則將何食耶。二十一夫第六年我將諭有豐盛、可出
三載之實矣。二十二及第八年、方可耕種、至第九年、尚食舊穀、待新穀
稔熟可食舊焉。二十三〇其田屬我、汝係我旅客、故不得不買其田。二十四在
遍地諸業、爾爲地准贖價也。二十五設使兄弟爲貧、已售產業、若親戚
來贖之、則可贖兄弟所售之業。二十六倘無人可贖、然自已能贖之、則二十七、
當算所賣之年數、遂將其餘還諸賣人、致歸其業也。二十八如不能交、
回則見賣人之業可存在買者之手、待樂歲、然當樂歲之時、可、
出而原主歸本業可也。二十九倘人賣城裡之屋、則賣後週年可贖之、

待一年滿、可贖之也。三十惟全年間、不復贖之、則城裡之屋、必歸買
者、及其子孫爲恆業也、並在樂歲不交回矣。三十一但鄉裡無圍牆者
之屋、可視之如田畝、可以贖之、及樂歲必交回矣。三十二惟利未宗派
之邑、兼本邑之屋宇、利未人隨時可贖也。三十三倘人買利未人之業、
則所售之屋、並產業之邑、當樂歲年必交回也。蓋利未輩之家
邑、爲其產業在以色列族中矣。三十四惟其邑郊之田、永爲其業、故不
可賣也。三十五倘爾兄弟成貧衰微、則當濟之、雖爲賓客、必偕汝活也。
三十六汝宜敬畏上帝、致兄弟偕汝居、並勿取其利息矣。三十七如借銀毋圖
利、倘借糧食勿討息矣。三十八蓋我乃爾上主皇上帝、昔引爾出麥西
國、以迦南地賜爾、並爲汝上帝矣。三十九如近住之兄弟窮乏、賣躬與

爾則勿强之服役如奴也○四十彼當偕居、如傭人旅客、且服事爾、待
樂年焉○四十一於是時可攜子女出、且離爾且歸本家、又回祖業矣○四十二其
乃我僕輩、我所率出麥西地者、故不得賣之爲奴也○四十三爾勿嚴管
之乃敬畏爾上帝也○四十四爾所有之奴婢、宜爲四方之夷人、可買之
爲僕婢也○四十五爾中所寓之異人之子、及在爾地所生之家孳、爾可
買以爲汝業也○四十六爾可交之與後爾之子輩、嗣接之爲業、永爲爾
奴、但不得嚴管以色列族、正是汝兄弟矣○四十七設使寓中之異客遠
人發財、且同住之兄弟窮乏、賣自與遠客異人、或與遠人家之
苗裔○四十八則賣後可贖還之、兄弟可贖之也○四十九伯或伯子、或親屬者可
贖之、或自能自贖可也○五十則與買主計算、自見賣之年迨及樂歲

且賣之價、宜照年數、據僱工者之期可算也。○五十一倘有多年、則按照所買之價、必給其贖之值也。○五十二倘樂歲年尚差幾載、則當合算、據年之多少、還其贖價也。○五十三彼當僭居、如每年之僱人、毋容管迫之、在爾眼前焉。○五十四倘此年之間、不得贖出、則適樂歲之際、自攜子女而出矣。○五十五我乃汝上主皇上帝、而以色列為本僕、正是我所率出麥西地之僕也、

第二十六章

○一我乃爾上主皇上帝、爾勿造菩薩、勿刻塑、勿設神像、勿立石碑於爾地、以伏拜之也。○二我乃皇上帝、故爾守我安息日、而敬畏我聖堂。○三倘遵我法度、而守我律例、且遵行為則。○四應期將降雨、其地

將出土產、且埔之樹將結果矣。○五爾打稻之時、將至葡萄果熟、惟收葡萄時、將遠播種之際、又爾將飽食、安居其地也。○六境內我亦賜爾平安、爾可睡卧、而無人嚇爾、我驅惡獸出境、並不許劍巡爾地方也。○七爾將趕敵、而在爾前必以刀倒也。○八爾中五人、將驅一百、又爾一百人將破一萬人、又敵必爾前被刀刺死。○九我將垂顧汝等、令爾加蕃庶、亦與爾立約也。○十夫爾將得食舊糧、又帶出舊糧爲新糧也。○十一且我將設我堂在爾中、而本心不厭恨爾也。○十二我將遊爾中、爲爾之上帝、且爾將爲我民也。○十三我乃爾上主皇上帝、昔率爾出麥西国、免爾爲奴、且破爾所負之軛、且扶汝直行焉。○十四但爾等若不聽順我、並不遵此諸命、○十五若輕我法、而棄我制令、進

不願遵我諸律例、且背我約、○十六則我將行是、降爾以震驚、癆病、熱
瘧、致廢目、愁心、又爾將徒然播種、乃敵將食之、○十七我將拒敵爾者、
在仇前見殺、及恨爾者、將管爾也、無人追時、爾將奔也、○十八倘如此
未肯聽我、則我將治罪、七倍更重也、○十九且破爾傲心之勢、令爾天
如鐵、爾地如銅、○二十徒然費力、爾田畝不出其土產、並埔之樹不結
果實也、○二十一倘爾尚逆、並不聽我命、則按汝罪七倍降災、○二十二我將驅野
獸爾中、致掠爾子、害爾牲口、致人丁稀少、道路荒蕪也、○二十三緣此還
不改過、仍違逆我、○二十四則我將拒汝、責罪七倍、○二十五且我將執劍為本約
雪恨、倘爾聚集城裡、我將降瘟疫、且交爾與敵之手、○二十六我既斷汝
餅之時、則十婦將炕餅在一爐裡、且稱而交之與汝、然汝必食、

並不得飽也。○二十八倘汝還不聽我言。而違逆我、我則將憤爾、且我將治爾罪七倍、○二十九致爾食親子之肉、又食親女也。○三十我將毀爾臺榭、折爾壞偶、投爾屍骸、在假神之屍骸上、而本心厭爾等。○三十一且我將毀爾城邑荒圮、掃蕩爾聖所、而不享爾薰香焉。○三十二我將其地為荒蕪、且爾仇敵住彼、將驚駭矣。○三十三且令爾敗散四夷之中、其挺劍追爾、又爾城必毀壞、爾地必荒蕪也。○三十四爾在敵地之時、本地荒蕪之際、則將享安息、地為甚康寧焉、而享安息也。○三十五汝居在安息日地無安焉。故地蕪時可獲安息。○三十六但凡爾中尚活之人在敵地時、我令膽怯、致搖葉之聲驚動之、且管奔外、避兵刃焉、連無人追、跌倒也。○三十七既無人趕爾、必相跌、如遭劍害。且擋敵無能也矣。○三十八且四夷之

中爾將泯滅、且敵地將吞爾等也。三十九爾中所遺者、必負罪、而妖亡
於敵地、緣祖之咎、必泯沒也。四十既違我而行焉、然必認本罪並祖
宗之咎、及所逆我之弊、四十一然我逆之、且引之到敵地、倘在彼地若
謙卑惡心、而承罪責。四十二遂記雅哥伯之約、以撒之約並亞伯拉罕
之約、我將俯念、亦俯念其地也、四十三蓋輕本法、而心恨本制令、故其
人必離其地、其田荒蕪、將享安息、且其人將受咎之刑。四十四我乃其
上主皇上帝、雖然如此、既在敵國時、我不得棄絕之、並不恨惡
之、以盡滅之、免與之失約也。四十五我乃皇上帝、緣是人我將記憶昔
與厥祖所立之約、蓋我在夷眼之前、率之出麥西國、而爲其上
帝。四十六斯乃在西奈山上、皇上帝與以色列民、藉摩西手所立之法

度制令律例者也

第二十七章

節 且皇上帝諭摩西曰、○二爾可諭以色列族云、人若發願、則其人物必歸皇上帝、依爾估價也、○三若係男子、自二十歲至六十歲、則爾所估之價、據聖堂之量、宜爲二十五兩銀、○四倘係女人、則爾所估之價、必十五兩銀也、自五歲及二十歲、則爾之估價若男、當爲二十兩、若女十兩銀也、○五自一月至五歲、則爾之估價若男、當五兩、若女三兩、○七自六十歲以上、則爾之估價若男、必乃十五兩、若女十兩銀也、○八倘其人爲貧、不能完繳爾所估之價、則宜親見祭司、祭司估之、祭司估之依願之能、○九倘人帶牲口奉皇上帝、則凡

所獻皇上帝之物、俱必成聖也○十不得以嘉易醜、以醜變嘉也、倘
以畜易畜、則所變者爲聖焉、○十一若係穢獸、所不奉祭與皇上帝者、
則當牽獸赴祭司○十二且祭司必估、或嘉或醜、且依祭司所估者必
乃如是也○十三倘要贖之、則宜加估價五分之一也○十四若人願捨屋奉
皇上帝、則祭司必估之、或好或不好、且依祭司所估價必定如
是也○十五若捨屋者、欲再贖之、則必加所估之價五分之一、屋遂歸
已也○十六如人捨產業之田畝奉皇上帝、則爾所估之價、必照種之
多少、每斛大麥種可估五十兩銀也○十七倘於樂歲之時捨田、則依
爾所估之價定、必如是也○十八倘樂歲後捨田、則祭司必算尚有之
年待樂歲至、而估價、遂可減價依爾所估者○十九倘捨田者要再贖

之則當加其估價五分之一、方田歸已也。○二十倘其不贖田、或賣田
與別人、則永不可贖也。○二十一倘樂歲之時、而出田畝也、與皇上帝爲
聖焉、若捨田一然、其業必歸祭司也。○二十二人若以所買之田、非本業
之田、捨皇上帝、○二十三則祭司可估其價、至樂之年之時、且當日必完
繳所有捨皇上帝之物也。○二十四正樂歲、其田宜歸本業之主、所賣其
田者也。○二十五且爾所估之價、皆必照聖堂之秤銀、每塊銀必二十分
也。○二十六夫初生之畜、係皇上帝之初生、屬皇上帝、不論牛羊者。不可
捨之。○二十七倘係穢獸、則依爾所估之價、加五分之一當贖之、若不欲
贖之、則當依估價賣之也。○二十八夫各所捨之物、爲皇上帝至聖之體、
故所捨之物、或人獸、或田業、俱不可賣、並不可贖也。○二十九凡人所擒

所捐之物、不可再贖、乃必見殺矣。三十不論土種產樹果、凡地十分之一者、俱屬皇上帝、爲皇上帝之聖物。三十一倘人欲贖其什一者、則必加五分之一也。三十二論及牛羊之物、凡行在牧之杖下、什一者、必抽十分之一、捨皇上帝矣。三十三勿查嘉醜、又勿易之、倘若易之、則本物與所易者、俱必成聖、不得再贖也。三十四斯乃在西乃山皇上帝所諭摩西以轉諭以色列族之命令也。

旨准頒行詔書總目

太平條規

頒行詔書

頒行曆書

三字經

幼學詩

旨准頒行共有十四部

戶口冊紀卷四

第一章

一節 出麥西国後次年、仲春、朔日、尚在西奈山野、在會帳房、皇上帝諭摩西云。二 爾宜編以色列族衆會之戶、依其門戶、據祖家、照其名數、各男人丁。三 凡以色列人能上陣二十歲以上、爾兼亞倫可數之、按其軍營。四 且汝必有每宗派一人、各為祖宗之首。五 應副爾之人名、開列於左、由流便之宗派、有示丟耳之子以利蓿。六 由西面之宗派、有蘇哩沙大之子示路滅。七 由猶大之宗派、有亞米拏撻之子拏順。八 由以薩迦之宗派、有蘇亞耳之子拏單業。九 由西布倫之宗派、有希倫之子以利押。十 約色弗子中、由以法蓮之宗派有亞米忽之子以利沙馬、由馬拏西之宗派、有比大蓿之子迦馬列●十一由便雅民之宗派、有其田尼之子亞庇但、●十二由但之宗派、有亞米沙大之子亞肦斯、●十三由亞沙之宗派、有亞革蘭之子帕結●十四由迦得之宗派、有丟耳之子以利亞薩●十五由納大利之宗派、有以南之子亞希喇斯、○十六乃會中之大名人、祖宗派之君長、以色列千家之督○十七且所有錄名之人、是摩西亞倫等所取也、○十八卽仲春朔日、招衆會集、陳明其譜、依其宗派、按其祖家、照其名數、按籍二十歲以上之人丁、○十九如是摩西在西奈野、按照皇上帝之命、算民焉、○二十夫以色列之長子流便人、苗裔據其世代門戶、依其祖家、照其名數、按籍凡男二十歲以上、凡人能上陣、○二十一卽流便之宗派所算者、乃四萬六千五百口也。二十二 西面苗裔、依其世代門戶、依其祖家照其名數、按籍凡二十歲以上凡男能上陣、二十三 即西面之宗派所算者乃五萬九千三百口也。二十四 迦得之苗裔、依其世代門戶、依其祖家照其名數、凡二十歲以上、能上陣、二十五 即迦得之宗派所算者、乃四萬五千六百五十口也。二十六 猶大之苗裔、依其宗派世代門戶依其祖家照其名數、凡二十歲以上者能上陣焉、二十七 即猶大之宗派所算者、乃七萬四千六百口也。二十八 以薩迦之苗裔、依其世代門戶、依其祖家、照其名數、凡二十歲以上者、能上陣焉、二十九 即以薩迦之宗派所算者、乃五萬四千四百口也。三十 西布倫之苗裔、依其世代門戶、依其祖家、照其名數、凡二十歲能上陣焉、三十一 即西布倫之宗

派所算者、乃五萬七千四百口也。三二約色弗之子以法蓮之苗裔、
依其世代、門戶、依其祖家、照其名數、凡二十歲以上者、能上陣
焉。三三卽以法蓮之宗派所算者、乃四萬零五百口也。三四馬拏西之苗
裔、依其世代、門戶、依其祖家、照其名數、凡二十歲以上者、能上
陣焉。三五卽馬拏西之宗派所算者、乃三萬二千二百口也。三六便雅民
之苗裔、依其世代、門戶、依其祖家、照其名數、凡二十歲以上者、
能上陣焉。三七卽便雅民之宗派所算者、乃三萬五千四百口也。三八但
之苗裔、依其世代、門戶、依其祖家、照其名數、凡二十歲以上者、
能上陣焉。三九卽但之宗派所算者、乃六萬二千七百口也。四十亞沙之
苗裔、依其世代、門戶、據其祖家、照其名數、凡二十歲以上者、能

上陣焉、四一即亞沙之宗派所算者、乃四萬一千五百口也。四二納大利
之苗裔、依其世代門戶、依其祖家、照其名數、凡二十歲以上者、
能上陣焉、四三即納大利之宗派所籍者、乃五萬三千四百口也。四四乃
見籍者、正乃摩西亞倫等所算者、以色列宗派有十二君長、各
代祖家也。四五且以色列族、凡算按其祖家、以二十歲以上、眾在以
色列、能上陣焉。四六凡所籍者、共六十萬三千五百五十口也。四七惟利
未人、依其祖之宗派、不同上籍也。四八蓋皇上帝已諭摩西云、四九勿算
利未宗派、並在以色列族中、勿載籍矣。五十乃派利未人管理法籍
之會堂、及諸器皿、並凡係屬之物、且利未人將擔帳房兼諸器
皿、又司理之、且周其帳房搭營也。五一且帳房將移之時、則利未人

宜拆之、又帳房將立之際、則利未人宜搭之、但異人就近者、必致死也。五二 惟以色列通軍、宜搭帳房、各人近本營、凡本麾下、五三 然利未人必周法箱之帳房搭營、免怒臨以色列族之會、而利未人、宜守法箱之帳房也、五四 夫以色列族遵照皇上帝悉所諭摩西者而行焉。

第二章

一節 皇上帝諭摩西亞倫等云、二 以色列族、凡隨旗必搭營、各依本營祖家麾下、周會帳房遙離、必下寨也。三 在東邊日起之方、猶大營旗下人、依其軍營、必下寨也、夫亞米拏撻之子拏順、必爲猶大族之首領。四 其軍共算七萬四千六百人也。五 次此下營係以薩迦之宗派、夫蘇亞耳之子拏單。係以薩迦族之首領・六其軍共算五萬四千四百人也○七後西布倫之宗派且希倫之子以利押、爲西布倫族之首領・八其軍共算五萬七千四百人也○九在猶大營逼軍凡所算者十八萬六千四百人、此必前往○十在南邊必有流便軍之旗、依其營焉・夫示丟耳之子以利蓿爲流便族之首領○十二其軍共算四萬六千五百人也○十一次之搭營乃西面之宗派、夫蘇哩沙大之子示路滅必爲西面族之首領○十三其軍共算五萬九千三百人也○十四次後有迦得之宗派、夫流耳之子以利亞薩、爲迦得族之首領・十五其軍共算四萬五千六百五十人也○十六如是逼軍凡在流便營所計數者、十五萬一千四百五十人焉・此必於次伍而往焉、十七次後會帳房宜前進、偕利未軍營在諸寨中、依其搭營。如是必前進、各人在其處、在其麾下矣。〇十八在西邊必有以法蓮營之旗、依其軍焉、亞米忽之子以利沙馬爲以法蓮族之首領。十九其軍共算四萬零五百人矣。〇二十次必有馬拏西之宗派、夫比大蓿之子迦馬列爲馬拏西之首領、二十一其軍共算三萬二千二百人矣。〇二十二次之便雅民之宗派、夫其田尼之子亞庇但爲便雅民族之首領。二十三其軍共算三萬五千四百人矣。〇二十四如是以法蓮營、共計十萬八千一百人、依其軍焉。斯爲第三伍而往焉。〇二十五在北邊必有但軍營之旗、依其軍焉、夫亞米沙大之子亞劦斯、爲但族之首領、二十六其軍共算六萬二千七百人也。〇二十七次之搭營者、係亞沙之宗派。夫亞革蘭之子帕結、爲亞沙族之首領、二十八其軍共算四萬一千五百人、二十九後納大利之宗派下營、夫以南之子亞希拉爲納大利族之首領、三十其軍共算五萬三千四百人。三十一如是凡但營中共計十五萬七千六百人、斯乃持旗而後往焉。三十二正是以色列族依其祖家所算者、凡通軍營共計六十萬三千五百五十八人。三十三按照皇上帝諭摩西、其利未人不入以色列族內。三十四夫以色列族遵皇上帝所諭飭摩西之諸命而行、即麾下搭營、各隨祖宗本家而往焉。

第三章

一節當日在西柰山皇上帝諭摩西、則摩西亞倫之族譜乃如左。二此乃亞倫子之名、挐荅爲家督、亞庇戶、以利亞薩、以大馬等。三斯乃亞倫子之名、正是以油所傅之祭司、拜契以供祭職矣○四夫拏答亞庇戶等、因焚異火在皇上帝之前、卽當皇上帝之前死在西柰野、既無子、則以利薩以大馬等、侍父亞倫之眼前供祭司之職也○五且皇上帝諭摩西云、六爾宜帶利未宗派近來、引到祭司亞倫、致服事之、七亦顧其事務、及全會之事務、在會帳之前而行帳房之事、八又守會帳房之諸器、並以色列族之事務者、而帳房內之事○九爾亦當以利未等、交亞倫並其子、乃在以色列族中、此人盡歸亞倫焉○十爾且當調亞倫及其子、供祭司之職、惟異客就近者、必致死也○十一且皇上帝諭摩西云、十二夫在以色列族中、我取利未人代諸啟胎初生者、且利未人係屬我也○十三我乃皇上帝昔日我盡殺麥西國諸初生者不論人獸自取以色列各初生者歸己諸凡初生者屬我也〇十四皇上帝在西奈野諭摩西云〇十五爾宜計籍利未族人按其祖家門戶自一月以上爾當數各男焉〇十六夫摩西遵照皇上帝之命所諭之者計算之〇十七夫此乃利未子之名革順哥哈特米喇哩〇十八革順之子按家之名乃立尼母示等〇十九且哥哈特之子按家之名乃暗蘭以斯迦希伯崙烏泄也〇二十且米喇哩之子照其門戶馬利母示等斯乃利未門戶依其祖家也〇二十一夫革順所生者乃立尼之家並母示之家即革順之家也〇二十二其數所算諸男自一月以上者係共計七千五百人矣〇二十三夫革順家宜搭營會帳房之後西向〇二十四且拉耳之子以利亞薩係革順家族之首領〇二十五夫

革順苗裔、在會帳房裡所司理者、卽神堂、與其帳幔幪、及會帳房之門幰、〇二十六院之幰、院門之幔、並在帳周壇、並凡所用之索也、〇二十七夫哥哈特係暗蘭家、以斯迦家、希伯崙家、及烏泄家、皆係哥哈特之家、〇二十八自一月以上諸男、共計八千六百人、以守聖所矣、〇二十九且哥哈特家族、宜搭營在帳房之南邊、〇三十且烏泄之子以利撒爲哥哈特祖家之長領、〇三十一其所司理者、係法箱、棹、臺燈、臺、諸壇、及聖處所用諸器、兼幰、並其中所用之物也、〇三十二夫亞倫之子祭司以利亞薩、必管利未之長領、而統理守聖所之人也、〇三十三夫米喇哩乃馬利家人、母示家人、皆係米喇哩之家也、〇三十四其所見算之數、自一月以上諸男、共計乃六千二百人、〇三十五且亞庇孩之子蘇列、爲米喇哩

家之長領、此必下營在帳房之北邊也、○三十六且米喇哩䓗裔所管理
守者、乃帳房之板、與其門桯槧、凡器等及家所用、●三十七並周院桯槧、
釘索等物矣。○三十八夫摩西亞倫兼其子、宜搭營在帳房之東向在會
幙房之前、代以色列族所守護聖所之事。●但凡異客就近者、必
致死也、○三十九且摩西亞倫等、循皇上帝之命、計諸利未族、所算者依
其門戸、自一月以上諸男共計二萬二千人矣。○四十皇上帝遂諭摩
西云、●爾宜計籍以色列族諸初生男子、自一月以上者、共計其
名之數也。○四十一我乃皇上帝、汝且代以色列族諸初生者、可取利未
人歸我並利未人之畜生、代以色列族牲口之初生者也。○四十二且摩
西循皇上帝之命、計以色列族之諸初生者、●四十三且初生諸男、依其

名數、自一月以上者、共計二萬二千七十三人也。○四十四 且皇上帝
諭摩西云、四十五 爾宜擇利未人代以色列族諸初生者、兼利未畜生、
則利未人歸我、且吾乃皇上帝矣。○四十六 論及以色列族之初生、比利
未人多三百七十三口者、為此人必行贖也。○四十七 即為其人丁各人
取五塊銀、即依聖堂之秤、每塊二十分也。○四十八 且以餘數所贖之銀、
奉與亞倫及其子也。○四十九 惟摩西取利未輩贖餘數所償之銀焉。○五十 即
向以色列族初生、取銀一千三百六十五塊、依聖所之秤者也。○
五十一 按照皇上帝諭摩西、循照皇上帝之命、摩西以見贖之銀奉與
亞倫及其子也。

第四章

一節皇上帝諭摩西亞倫等云、二爾宜計數哥哈特之子在利未族中
照其祖家門戶也。三自三十歲以上至五十歲凡壯民能務事會
帳房之中也。四哥哈特族所司在會帳房理至聖之物也。五其軍前
進之時、亞倫與其子俱必來、除其帳簾以之蓋諸法箱矣。六將芝
蔴貂皮蔽之、另以葡青之布蓋之及穿箱扛在傍矣。七且用葡青
色布蓋面餅之棹、另排盤碗匙蓋等、以遮之並設恒餅也。八且用
絳色之布鋪棹上亦以芝蔴貂皮蓋之遂穿扛也。九便將葡青之
布蓋火之燭臺燈及其盞燭剪盤等、兼其諸油器及所用理事
之物、十將之及諸皿以芝蔴貂皮包之及穿扛也。十一又將葡青布鋪
在金壇亦用芝蔴貂皮蓋之亦穿扛矣。十二且必取聖所用事理之

器、置在萄青布裡、以芝蔴貂皮蓋之、及穿扛也。十三取壇上之灰去
而張葡青布。十四亦將壇上事理所用諸器、卽香爐肉鈎鑿盂及壇
各器、置在壇上、以芝蔴布蓋之、且穿扛矣。十五乃亞倫並其子蓋其
聖所兼聖所諸器、卽移營之時、哥哈特之子其後必來擔之。但
不可摸聖物、恐致死也、此乃哥哈特子所當負會帳房之物也。
十六夫祭司亞倫之子以利亞薩所當司理者、乃燈油馨香每日之
饌、與其傅油、又必統理全會帳房、及內所有諸物、兼聖所內器
皿也。十七○且皇上帝諭摩西亞倫等云、十八以哥哈特之家族毋滅絕
在利未族中、十九俱近至聖之物時、致保命免死、可行如此、卽亞倫
及其子宜進、而派各人所負擔事理也。二十但聖物覆蓋之時、不可

入而看、恐死矣。○二十一皇上帝諭摩西云、○二十二爾宜算革順子之數、依其祖家門戶、二十三自三十歲以上至五十歲、可計之、卽凡進事務作工在會帳房中也。○二十四此乃革順家之事、並後所擔焉、○二十五卽宜負帳房之幬、及會帳房、兼其覆幔、並在上之芝蘇貂皮蓋、與會帳房之門簾、二十六院帳、並院門簾、此近帳房周壇、及其索、並事理所用之諸器、亦凡所爲者、如是可事也。○二十七夫亞倫及其子、並將派革順子之諸事、凡負擔、凡服役、且爾可調之以守所負之物。○二十八乃革順家之子、於會帳房之事、所囑者、托在祭司亞倫之子以大馬之手下。○二十九爾宜計米喇哩子之數、依其祖家門戶、三十且算之自三十歲以上至五十歲、各人供事、以理會帳房之事、三十一其所宜負擔、依會帳房諸事、

乃帳房之板其閂其柱與墩焉、三十二乃周院之諸柱、墩、釘、索等並諸
器與諸服事之物、所托之負物件、必按名而算焉〇三十三米喇哩子之
家事、按照在會帳房內之凡事理、在祭司亞倫之子以大馬之
手下〇三十四且摩西亞倫等並會之首領、按照其家宗依其祖家算哥
哈特之後裔〇三十五郎自三十年以上、至五十歲各人緣工在會帳房
供事矣〇三十六所算之在家中、共二千七百五十名〇三十七正乃哥哈特家中
所算者、致行事在會帳房內、此乃摩西亞倫等所算、遵照皇上
帝以摩西之手所飭者、三十八又革順子所算者、依其家、按其祖宗、三十九自
三十歲以上、至五十歲、凡進理事在會帳房內〇四十在其祖宗依其
門戶所算者、共計二千六百三十名〇四十一此乃革順子之家所算者、

凡在會帳房內能作工、摩西亞倫等、遵照皇上帝之諭飭所算者。四十二此乃米喇哩子之家、依其家按其祖家所見算焉。四十三自三十年以上及五十歲各人緣工在會帳房供事也。

第五章

一節且皇上帝諭摩西云、二爾宜命以色列族云、須逐各麻瘋血淋、凡摸屍者、三俱出寨焉、男女俱驅而逐寨外、免得染汚寨、蓋我住其中也。四而以色列族遵皇上帝以摩西所諭、以色列族仍然行焉、且逐之諸營外。五皇上帝諭摩西云、六爾宜諭以色列族云、男女干犯人所行之罪、即獲罪於皇上帝、而自取咎戾。七則宜認所行之罪、亦以本物並加五分之一、償其罪過、給其所觸犯之人。八倘其人無親屬以償罪則必償之與皇上帝、即其祭司、另奉贖之羝。代之行贖矣、[九]亦以色列族聖物之祭、所奉祭司者、必歸祭司也。[十]凡人所捨之物、亦歸祭司兼所奉祭司者亦然。○[十一]且皇上帝諭摩西云[十二]爾可諭飭以色列族云、人之妻若蹈非而犯夫、[十三]倘人與妻私通染汚而此弊隱瞞與夫之眼、並不露出、又無證人、又犯間不捉之。○[十四]卻夫起忌恨其染汚之妻、或夫起忌而嫌未染之妻。[十五]夫則必帶其婦赴祭司、亦提一升大麥粉為祭、既係猜忌之祭、記誌之祀、為擊念罪過者、則不可斟油亦不可加香焉。○[十六]且祭司宜引婦近皇上帝面前、○[十七]祭司遂將磁器盛聖水、祭司亦必拈帳房地坂之塵埃丟水內、○[十八]且祭司必引其婦至皇上帝面前、且露女首、以猜忌記誌之祭祀、交婦手、祭司亦必手執苦水矣。○十九且祭司必令婦發誓云、若無人與汝苟合、又汝不棄丈夫、並不私通、則免令詛之。○二十倘棄本夫、與他私通、而染污除夫外有他人與汝苟合、○二十一則祭司宜令婦發咒誓、祭司亦必告婦云、皇上帝必令汝遭咒誓、在汝民中、皇上帝亦必令汝髀衰、腹脹也。○二十二此致咒之水滯汝腹、令汝肚腹髀衰也、且婦宜云、實在正心所願也。○二十三且祭司宜錄此咒載書、及以苦水塗抹之。○二十四令婦人飲致咒之苦水、且致咒之水、將浸之爲苦矣。○二十五且祭司遂宜取猜忌之祭、接由婦手、及搖其禮物在皇上帝前、而獻之在壇上焉。○二十六祭司則宜撮取誌之祭物、焚之在諸壇上、且將水與婦飲焉。○二十七既使婦飲水、倘該婦染汚獲罪於本夫。則其致咒之水、將浸之爲苦、使其腹脹髀衰、及其婦將遭咒在民之中也、〇二十八倘婦非染汚、乃爲清潔、則釋之後懷孕可也、〇二十九斯乃猜忌妻棄夫私通自染汚之法也、〇三十或夫起疑、或猜忌本妻、隨引其婦詣皇上帝面前、且祭司與婦必行此全法矣、〇三十一則夫無罪辜、惟妻必負罪也、

第六章

節一且皇上帝諭摩西曰、二爾可諭以色列族云、男女若自離俗發願捨世、自歸皇上帝、三則宜戒酒醴、毋飲酒醋、並無醴之醋、又勿飲葡萄之汁、亦勿食青葡萄菓、及其乾菓也、〇四離世終時候、葡萄藤所產者、連仁皮、切不可食焉、〇五發願捨世之諸日、切勿剃頭、待及

其自歸皇上帝之日滿焉其必爲聖且容頭髮生長也○六當離
世歸皇上帝之諸日毋就屍骸也○七因首戴自捨皇上帝之冕則
父母兄弟姊妹死時不得自汚也○八其捨世諸日爲聖與皇上帝
也○九倘人近居卒然死亡致其首之聖染汚則必剃頭於自淨之
日即第七日剃頭也○十於第八日必帶一對班鳩或一對嫩鴿諸
會帳房之門前且奉之祭司○十一祭司必將其一鳥爲罪祭以次鳥
爲焚祭因摸屍犯罪當行贖罪即日必淨潔其首也○十二其人必帶
初年之羔爲愆祭而盡其捨世之日奉皇上帝矣因其捨世之
情染故不論其先日矣○十三斯乃離俗世人之法也捨世之日滿則
宜引之會帳房門○十四以禮物奉皇上帝即是初年牲純之牡羔爲

焚犧、及初年牷純之牝羔爲謝祭也○十五並無酵餅一筐、與麪粉調油之餅、及調油無酵之薄餅、其饌祭並灌奠焉○十六且祭司必帶此物、詣皇上帝前、獻罪祭兼焚祭○十七又獻羝爲謝犧、奉皇上帝陪筐裡之無酵餅、亦奉其饌灌焉○十八未離俗世之人、必削捨世首之髮、在會帳房門而將其捨世頭髮投諸火、在謝祭之祀下○十九且祭司遂必將其羝之煑肩、並筐中取出一個無酵餅、兼一個無酵薄餅、離俗世人剃髮後、俱置其手上○二十且祭司以此必搖祭在皇上帝之前、且此等物、與所搖之胸、所動之肩、必歸祭司爲聖物、嗣後其離俗之人可飲酒也○二十一斯乃發願離俗人並爲捨世所奉皇上帝之祭、兼其手另所得者、循所發之願、必行按離俗之法也○

二二且皇上帝諭摩西云、二三爾諭亞倫及其子云、爾稱祝以色列族宜如此云、二四願皇上帝祝庥爾、二五願皇上帝之面照爾且恩惠爾、二六願皇上帝之面照顧爾賜平安焉、然以本名必加諸以色列族、而我將祝之也、

第七章

一節當日摩西排會帳房以油傅、且成聖之並諸器、祭壇與其諸皿、二旣傅油成聖了則以色列祖家之君、正是其首領卽宗派之君長、管諸上籍者獻禮矣、三遂將禮物獻皇上帝前、卽裝之在有蓋之車六輛牛十二頭、每二君一車、各君一隻牛且牽之到帳房之前、四且皇上帝諭摩西云、五爾宜收其物以行會帳房之事給之

與利未輩各人、按其事也○六夫摩西遂接車與牛、給之與利未人○
七以兩車四牛、給革順之子按其事也○八將四車八牛、給米喇哩家、
照其事在祭司亞倫之子以大馬之手下也○九夫哥哈特之子、所
應務聖堂之事、乃肩上負物、故不給之也○十當油傅壇之日、其君
帶釁之祭、而其君設禮物在壇前○十一且皇上帝諭摩西云、各君宜
隨其日帶其禮物、以釁壇焉○十二第一日奉禮物者、乃猶大宗派亞
米拏撻之子拏順○十三所奉者乃一個銀盤、重一百三十兩、一個銀
碗、重七十兩、按聖堂之秤、俱滿以麵粉參油為餼祭、○十四另有金匙
重十兩、滿諸香焉○十五犢一隻、羝一隻、初年之羔一隻為焚祭、○十六山羊
之子一隻為罪祭○十七另牛二隻、羯五隻、羝五隻、初年之羔五隻為

謝祭、正是亞米拏撻之子拏順所獻者也○十八第二日以撒迦宗派之君蘇亞耳之子拏單獻禮物、十九所奉者乃一個銀盤、按聖堂之秤重一百三十兩、一個銀碗重七十兩、俱盛以麵粉調油爲饌祭、二十兼金匙重十兩、滿諸香焉、○二十一並犢一隻、羯一隻、並初年之羔一隻爲燔祭、二十二草羊子一隻爲罪祭、二十三牛二隻、羯五隻、羝五隻、初年之羔五隻爲謝祭、正是蘇亞耳之子拏單業所獻之禮也○二十四第三日西布倫宗派之君希倫之子以利押獻禮、二十五所獻者乃銀盃、按聖堂之秤重一百三十兩、銀碗重七十兩、俱盛以麵粉調油爲饌祭、二十六又金匙重十兩、盈諸香焉、二十七並犢一隻、羯一隻、初年之羔一隻爲燔祭、○二十八草羊子一隻爲罪祭、○二十九牛二隻、羝五隻、羯五隻、初年之羔

五隻、為謝祭、即是希倫之子以利押所獻之禮也、三十第四日流便
宗派之君示丟耳之子以利蓿獻禮、三十一所獻者乃銀盤按聖堂之
秤重一百三十兩、銀碗重七十兩、俱盛以麵粉調油為饌祭、三十二金
匙重十兩、滿於香焉、三十三盈幼犢一隻、羯一隻、初年之羔一隻、為焚
祭、三十四草羊子一隻為罪祭、三十五另牛二隻、羯五隻、羝五隻、與初年之羔
五隻為謝祭、正是示丟耳之子以利蓿所獻之禮也、三十六第五日西
面宗派之君蘇哩沙大之子示路滅獻禮、三十七所獻者乃銀盤按聖
堂之秤、重一百三十兩、銀碗重七十兩、盛以麵粉調油為饌祭、
三十八又金匙重十兩、滿於香焉、三十九犢一隻、羯一隻、及初年之羔一隻、為
焚祭、四十草羊子一隻為罪祭、四十一另牛二隻、羯五隻、羝五隻、與初年之

羔五隻爲謝祭、正是蘇哩沙大之子示路滅所獻之禮也。四十二第六日迦得宗派之君丢耳之子以利亞撒獻禮、四十三所獻者乃銀盤按聖堂之秤重一百三十兩、銀碗重七十兩、俱盛以麪粉調油爲饌祭、四十四金匙重十兩、滿於香焉、四十五金犢一隻、羯一隻、初年之羔一隻爲焚祭、四十六草羊子一隻爲罪祭、四十七另牛二隻、羯五隻、羝五隻、與初年之羔五隻爲謝祭、正是丢耳之子以利亞撒所獻之禮也。四十八第七日以法蓮宗派之君亞米忽之子以利沙馬獻禮、四十九所獻者乃銀盤按聖堂之秤重一百三十兩、銀碗重七十兩、俱盛以麪粉調油爲饌祭、五十又金匙重十兩、滿於香焉、五十一兼犢一隻、羯一隻、初年之羔一隻爲焚祭、五十二草羊子一隻爲罪祭、五十三另牛二隻、羯五隻、羝五隻

與初年之羔五隻爲謝祭、正是亞米忽之子以利沙馬所獻之
禮也、五十四第八日馬拏西宗派之君比大蓿之子迦馬列獻禮、五十五所獻
者乃銀盤、按聖堂之秤重一百三十兩、銀碗重七十兩、俱盛以
麵粉調油爲饌祭、五十六並金匙重十兩、滿以香焉、五十七幼犢一隻、羯一隻、
初年之羔一隻、爲焚祭、五十八草羊子一隻爲罪祭、五十九另牛二隻、羯五隻、
羝五隻與初年之羔五隻爲謝祭、正是比大蓿之子迦馬列所
獻之禮也、六十第九日、便雅民宗派其田尼之子亞庇但獻禮、六十一所獻
者乃銀盤、按聖堂之秤重一百三十兩、銀碗重七十兩、俱盛以
麵粉調油爲饌祭、六十二又金匙重十兩、六十三滿於香焉、六十四兼犢一隻、羯一隻、
及初年之羔一隻爲焚祭、六十五草羊子一隻爲罪祭、牛二隻、羯五隻、

羝五隻、與初年之羔五隻爲謝祭、正是其田尼之子亞庇但所獻之禮也。○六十六第十日、但宗派之君亞米沙大之子亞劦斯獻禮•六十七所獻者乃銀盤、按聖堂之秤、重一百三十兩、銀碗重七十兩、俱盛以麵粉調油爲饌祭、六十八又金匙重十兩、滿於香焉•六十九兼犢一隻、羯一隻、初年之羔一隻爲焚祭•七十草羊子一隻爲罪祭•七十一牛二隻、及羯五隻、羝五隻、與初年之羔五隻爲謝祭、正是亞米沙大之子亞劦斯所獻之禮也。七十二第十一日、亞沙之君亞革蘭之子帕結獻禮所七十三獻者乃銀盤、按聖堂之秤、重一百三十兩、銀碗重七十兩、內盛麵粉調油爲饌祭、七十四又金匙重十兩、滿於香焉•七十五並犢一隻、羯一隻、及初年之羔一隻爲焚祭、七十六草羊子一隻爲罪祭•七十七又牛二隻、羯五隻羝五隻、與初年之羔五隻爲謝祭、正是亞革蘭之子帕結所獻之禮也〔七十八〕第十二日、納大利宗派之君以南之子亞希喇獻禮、〔七十九〕所獻者乃銀盤、按聖堂之秤、重一百三十兩、銀碗重七十兩、內盛麵粉調油爲饌祭、〔八十〕又金匙重十兩、滿於香焉、〔八十一〕並犢一隻、羯一隻、初年之羔一隻、爲焚祭、〔八十二〕草羊子一隻、爲罪祭、〔八十三〕另牛二隻、羯五隻、羝五隻、與初年之羔五隻、爲謝祭、正是以南之子亞希喇所獻之禮也〔八十四〕夫祭壇傅油日、斯乃以色列諸君所獻以釁壇、郎十二銀盤、十二銀碗、十二金匙、〔八十五〕各盤重一百三十兩、各碗重七十兩、郎按聖堂之秤、各銀器共計二千四百兩也、〔八十六〕亦有金匙十二盈香、各按聖堂之秤、重十兩、如是其匙之諸金共計一百二十

〇八十七 兩夫焚祭之諸犧、共牛十二隻、羯十二隻、初年之羔與其餅祭另有十二草羊之子為罪祭、〇八十八 並謝祭諸犧、共二十四隻、羝六十隻、羯六十隻、初年之羔六十隻、正是釁壇傅油之後所用也、〇八十九 且摩西進會帳房之時、以相論御法箱恩座之上二位靈仙之間、聽有言之聲與之敘矣、

第八章

一節 且皇上帝諭摩西云、二 爾可告亞倫曰、點燈之時、其七盞燈宜與燈臺對照也、三 且亞倫遵皇上帝所諭飭摩西而行、且點燈與燈臺對照也、〇四 製燈臺用金車鏇作、榦而加花、俱是車鏇之工作、按皇上帝所指示摩西之式樣、亦造其燈臺、〇五 且皇上帝諭摩西云、

六以色列族中可擇利未輩而潔之也○七如此必行以淨之可取淨水灑諸身上而剃渾身洗其衣以為清潔矣○八則必牽犢一隻兼麵粉調油為饌祭另帶一犢為罪祭也○九遂引利未輩到會帳房之前招以色列眾會集矣○十且引其利未輩赴皇上帝前且以色列族必以手按在利未輩首上○十一惟亞倫必奉利未輩在皇上帝面前為以色列族所獻之禮以盡皇上帝之職事○十二且利未輩遂必按手諸犢首上遂可獻一隻為焚祭一隻為罪祭奉皇上帝致贖利未人也○十三爾且帶利未輩在亞倫兼其子之前且奉之以歸皇上帝之祭矣○十四如是可分利未輩離以色列族且利未人屬我也○十五此後利未人可進以行會帳房之事且爾必淨之而奉之

爲祭矣。十六 蓋在以色列族中、其人盡歸我、而我接之、代以色列諸
族凡開胎初生也。十七 當我殺麥西国各初生之日、我自成聖之、是
以以色列凡初生者連人及獸兼歸我。十八 我我接利未人代以色列
諸初生者、十九 且我取利未人由以色列族中、賜與亞倫及其子、代
以色列族供事、在會帳房中、亦替以色列族贖罪、恐以色列族
就近聖所、而以色列族中遭災也。二十 且摩西亞倫暨以色列族衆
會、行與利未人、按照皇上帝論利未輩悉所諭摩西者、以色列
所行正如是也。二十一 夫利未輩得清淨洗衣、且亞倫奉之在皇上帝
前爲祭主、然亞倫替之行贖罪、以淨之也。二十二 嗣後利未輩往供事
於會帳房中、在亞倫兼其子之前、按照皇上帝論利未輩所諭

摩西者仍行焉○二三且皇上帝諭摩西云○二四斯乃利未輩之職人自二
十五歲以上必侍奉於會帳房之事中○二五自五十歲以上可且息
侍奉服事並罷事也○二六只陪兄弟侍在會帳房中以守厥職並不
作工如此可行諸利未輩論其職分也○

第九章

以色列族出麥西国後次年正月在西柰野皇上帝諭摩西曰○
二屆期以色列族宜守逾越節禮即於本月十四日黃昏時候於
定期可守之按其諸禮照諸儀必守之也○四且摩西命以色列族
行逾越節之禮○五故正月十四日夕時在西柰野以色列族守逾
越節禮○循皇上帝悉所諭摩西者而行焉○六當下有人摸屍自染

故不可於是日、守逾越節之禮、當日赴摩西亞倫等此人稟曰、○七
吾等摸死人之屍染汚、奚有阻我在定期於以色列族中、不得
祭皇上帝乎、○八且摩西謂之曰、侍此迨我聽皇上帝論爾所諭者
也、○九皇上帝遂諭摩西云、○十爾以色列族、爾自己、抑爾苗裔、有摸屍
染汚、或行遠路、自染汚、卻當守皇上帝之逾越節禮矣、○十一當二月
十四日夕時、可守此節、且食之與酵餅苦菜、○十二毋留之及旦、勿折
其骨、依逾越節之諸禮儀、可守之也、○十三倘人乃清、並不追程、却弗
行逾越節禮、既於定期不奉皇上帝之禮物、此人宜負其罪、而
殄滅之在民中、○十四有遠人居爾中者、肯守皇上帝逾越之節、按逾
越節之禮、依其儀矣、亦可行之也、其異人並生於地者、均有一

例矣。〇十五當搭其帳房之日、郤雲覆其堂、卽法箱之帳房自夕時至旦、似有火光覆堂、〇十六常時亦然、晝有雲蔽之、夜有火光焉、〇十七雲一昇離帳房、嗣後以色列族趲程、及雲止息之所、以色列族搭帳房焉、〇十八夫以色列族起程、遵皇上帝之命、下營亦遵皇上帝之命、正雲覆帳房之際、其歇在帳房矣、〇十九若雲連多日久覆帳房、以色列族守皇上帝之命、並不涉路也、〇二十倘雲覆帳房連數日、則遵皇上帝之命、寓帳房內、遵皇上帝之命、亦赴程焉、〇二十一設使雲止、自旦至夕、及早時雲昇、則前進、不論晝夜、雲昇卽追程焉、〇二十二或兩日、或一月、或一年、其雲止帳房上不動、則以色列族居內、而弗前進也、惟雲昇則進前焉、〇二十三遵皇上帝之命、其歇帳房、遵皇上帝之命、其追程、正是皇上帝以摩西之手所飭令者、恭守其囑也。

第十章

節一 且皇上帝諭摩西云、二 爾應用銀車鏇作兩口號筒、可用之招以色列族集會、且遷營焉、三 旣吹之時、則衆公會宜聚集在會帳房門前赴爾也。四 獨吹一口號筒時、卽以色列千夫之首領宜會赴爾也、五 太吹之時、則東邊之營宜前進、六 二次太吹、則南向之營宜起程、追程時、必太吹號筒矣。七 卽欲招公會聚集、亦可惟不得慫吹也。八 且其祭司等卽亞倫之子、必吹號筒、乃歷世代之永例矣。九 爾在本地攻戰所迫汝之敵、則必太吹號筒、記及汝上主皇上帝、又由敵得救。十 我乃汝上主皇上帝在喜日瞻禮日月之朔正焚祭設謝祭之時、亦必吹號筒、致上帝之前、爲表記矣。○十一適次年、二月二十日、其雲昇舉離其法箱之會帳房、○十二於是以色列族去西柰野、乃雲止於帕蘭之野。○十三且遵皇上帝以摩西之手所諭而起程焉。○十四猶大族營之旗、按其軍先行、且亞米拏撻之子拏順管之。○十五且蘇亞耳之子拏單管以撒迦族宗派之軍也。○十六希倫之子以利押管西布倫族宗派之軍也。○十七於是拔帳房、且革順之子並米喇哩之子前往、負之也。○十八流便營旗、按其軍、遂前往、且示丟耳之子以利蓿管其軍焉。○十九蘇哩沙大之子示路滅管西面族宗派之軍也。○二十丟耳之子以利亞撒管迦得族宗派之軍也。○二十一哥哈特輩擔其聖堂前進、且其先行者、待此人至而搭帳房也。○二十二以法蓮之族

管旗、接其軍前往、且亞米忽之子以利沙馬管其軍也○二十三比大蓿
之子迦馬列管馬拏西族宗派之軍○二十四其田尼之子亞庇但管便
雅民族宗派之軍也○二十五且衆營統軍之後衛、即但族營之旗、且亞
米沙大之子亞協斯管其軍焉○二十六亞革蘭之子帕結管亞沙族宗
派之軍○二十七以南之子亞希喇管納大利族宗派之軍也○二十八如是以色
列族接其軍起程焉。○二十九且摩西謂米田人流耳、即摩西岳父之
子何拔、云我等往向地、皇上帝所論及而言云、我將以之賜汝、
汝且陪我而我與汝將善行、蓋皇上帝論以色列好言也○三十曰不
肯往、然我要回本地而歸我親屬○三十一曰請勿別我、蓋我必在野處
下寨、○三十二且爾可爲我目矣、倘陪我行、則皇上帝所施我之恩、亦施

爾一然〇三十三遂離皇上帝之山三日路程此三日程間皇上帝之法
箱在前行焉以尋歇處矣〇三十四且日間出營之時皇上帝之雲覆之
三十五待法箱前進摩西云願皇上帝起來散敵又令恨爾者在爾面
前奔焉〇三十六既息則云願皇上帝歸以色列之億兆

第十一章

一節當百姓怨時皇上帝不悅且皇上帝一聽之烈怒乃皇上帝之
火焚於民中燒燬在營極者〇二且庶民呼及摩西然摩西禱皇上
帝其火隨息矣〇三蓋皇上帝之火燒在其中故稱處名曰火燒也
四且其中市井之人嗜慾亦以色列族復泣云誰給我食肉耶〇五昔
在麥西国時我繫念任意吃魚金瓜匏瓜韭菜葱頭蒜頭〇六但今

心淵、目前止有此甜露而已○七夫甜露如莞荽仁、其色似清香且
其民巡行歛之、或以礱磨之、或臼內擣之、遂釜內炕爲餅、其味
若生油之味○九夜間露下營時、甜露亦落矣○十且摩西聞庶民舉家
各人立帳房門內哭泣、皇上帝遂太烈怒、又摩西不悅矣○十一且摩
西禀皇上帝曰、爲何憂主僕、奚不蒙主恩在主之眼內、卻以此
衆民之任委我耶○十二我豈懷孕生出此衆民乎、而諭我抱之猶養
父抱赤子、迨及主地、主所誓將賜其列祖也○十三其向我哭云、俾我
食肉、由何得肉給此庶民哉○十四所任太重、故我獨不能任此庶民
十五倘如此行與我、若獲恩在主之眼內、莫若請卽時殺我、以免自
觀本苦難焉○十六且皇上帝諭摩西曰、可招會以色列族中七十長

老、自稱係民長監督者、且帶之到會帳房門前、致陪爾侍焉且 ○十七
我將降下在彼與爾相論、又取爾所感之神而賦是人、則陪爾
當民之任、免爾獨負之、且諭民云、待明日可自聖食肉、蓋爾號 ○十八
泣聒皇上帝之耳云、在麥西国時、尚有好處、今誰將給我肉食、
是故皇上帝將以肉賜食矣、爾不得食之非一日兩日、非五日、 ○十九
十日非二十日而已、乃一月之久、待流出鼻孔致爾壓之、蓋爾 ○二十
輕忽住爾中之皇上帝、乃在其前云、我等爲何出麥西国乎、且 ○二十一
摩西曰、我所住中之民、乃六十萬步行之人、且主云將給之肉、
可食全月也、豈可屠牛羊以飽之、抑收海之諸魚以足之乎、且 ○二十二 ○二十三
皇上帝諭摩西云、皇上帝之手豈短乎、汝將見我言應驗。○且 ○二十四

摩西出去、以皇上帝之諭傳民、且召民之長老七十人、周堂而立之也。○二十五當下皇上帝乘雲降下、與摩西相論、又取其所感之神、賦長老七十人、卻其神臨住之時、則誦預言不絕。○二十六夫所上籍者二名、一曰耳達、○二十七一曰米達、俱留營裡、不出帳房、惟神感之、遂在營裡誦預言焉。維時有童走報摩西云、耳達、米達在營裡俱誦預言焉。○二十八有某童、即係摩西之僕嫩之子、名約書亞、答曰、請主摩西禁之。○二十九且摩西曰、豈爲我懷忌乎、願庶民俱誦預言、且皇上帝以神賦之也。○三十乃摩西僉以色列長老輩俱回營焉。○三十一於是皇上帝使風吹帶鵪鶉自海上來、近營落下、此邊似一日路程、彼邊似一日路程、周營地面似二尺之高矣。○三十二夫民起來、終日終夜及次日收拾鵪鶉斂少者獲十斛且民撒之周營四方爲己用也○三十三其肉正在齒間尚未嚥之郤皇上帝烈怒民又皇上帝以太災擊○三十四之因在彼埊埋嗜慾之民故稱該處之名曰慾墓也○三十五惟民離慾墓而往到哈洗錄且住哈洗錄也

第十二章

一節夫摩西既娶古實之女故此米蓮氏並亞倫譭謗摩西爲其所娶之古實之妻○二曰上帝豈獨以摩西而言豈非亦由我而諭乎○三且上帝聞之夫摩西係溫和勝於地面諸人矣○四且皇上帝猝然○五諭摩亞倫米蓮等曰爾三人宜出會帳房其三人遂俱出也且○六皇上帝乘雲柱降下會帳房內召亞倫米蓮等兩人出來皇上

帝遂曰、宜聽我言、倘在爾間有先知之師、我乃皇上帝將默示啟之、托夢言之、○七但我僕摩西乃忠在本全家、並不如此也、○八我與之面諭明然、不用隱語、其亦觀皇上帝之像、曷不畏謗我僕摩西耶、○九皇上帝遂發烈怒而離之、○十且雲去帳房之後、卻米蓮氏染麻瘋、白如雪矣、乃亞倫視米蓮、卻染麻瘋也、○十一亞倫遂謂摩西云、嗚呼我主、因妄作得罪、○十二毋以此罪歸我也、○十三毋容成之如出母胎、而肉半腐如死無異矣、摩西遂懇籲上帝云、祈上帝醫之、○十四皇上帝遂諭摩西曰、父若親唾面、豈不見羞七日耶、故連七日禁之在寨外、然後收之可也、○十五故禁米蓮寨外七日、但民不起程、待米蓮復引進焉、○十六此後其民離哈洗錄、而住在帕蘭野

第十三章

一節 皇上帝遂諭摩西云、二 我所錫以色列族之迦南地、汝必由各宗調祖家中長領一人而差其人探是地矣、三 且摩西遵皇上帝之命由帕蘭野差之、此人俱乃以色列族之君長也、四 其名如左、由流便之宗派、有撒古耳之子沙母亞、五 由西面之宗派、有何哩之子沙法、六 由猶大之宗派、有耶孚尼之子迦利伯、七 由以薩迦之宗派、有約色弗之子以迦勒、八 由以法蓮之宗派、有嫩之子約書亞、九 由便雅民之宗派、有喇孚之子八氐、十 由西布倫之宗派、有鎖底之子迦鐵、十一 由約色弗即馬拿西之宗派、有蘇西之子迦底、十二 由但之宗派、有其馬利之子亞米耳、十三 由亞沙之宗派有米迦耳之子

西帖○十四由納大利之宗派、有縛弗西之子拿庇○十五由伽得之宗派、有
馬其之子求耳○十六斯乃摩西所差偵探迦南地人名且摩西以嫩
之子、阿耶改名稱爲耶何書亞○十七當下摩西差之窺探迦南地曰
爾宜往南向而上山也○十八且查其地、並其居民、强弱多寡○十九住於何
地、或嘉或磽、居何邑、或在帳房或在衛也○二十另視其田肥瘦有樹
木否、汝且大着膽、亦帶其地之菓實來矣、郤此時、乃葡萄實初
稔之際矣○二十一遂上往窺地自洑野至哩合邑、人到哈抹之處○二十二南向
抵希伯崙、夫希伯崙在麥西国鎖安邑七年前、得建焉、在彼有
拿革之子亞希慢示篩達買等○二十三偵伺遂至葡萄溪、砍下一捆葡
萄菓、且二人穿杠抬之、另取石榴與無花菓矣○二十四因以𢀖列族砍

下一捆葡萄菓、故稱其處爲葡萄溪矣。○二十五四十日後、•窺探地畢、則回來矣。○二十六遂赴摩西、亞倫、並以色列族諸公會在帕蘭野、乃迦鉠邑、而回報之、僉庶衆、且指示以土產。•二十七告之曰、我到所差往之地、其地誠蜜流乳流、此乃其菓也。○二十八乃居地之民壯、其城鞏甚廣、在彼我亦看亞拿革之子。○二十九亞馬力族居南方、黑耶布士、僉亞摩哩等類居山上、且迦南人居海濵、及約耳但河濵也。○三十維時在摩西前迦利伯撫馭民云、我有能以克之、莫若卽去、而據其地也。○三十一陪行之人曰、其民强於我、我不能往攻之也。○三十二窺探地者、僉妄言謂以色列族曰、我所巡行窺探之地、係地所呑其居民、我所看之諸民、身長骨大。•三十三在彼亦覩偎偉之類、卽亞拿革之子、由偎偉所

生之子、我自較之、猶蜢、其亦如此視我也

第十四章

一節 且衆會興聲而哭、當夜民涕矣。○二 且諸以色列族、怨摩西亞倫等、衆庶遂對兩人曰、莫若我等死於麥西国、抑亡在此野也。○三 爲何皇上帝率我等抵此地方、致以刀而倒亡、而本妻子被擄、莫若歸麥西国幸矣哉。○四 且相議曰、不如立一長領、自歸麥西国矣。○五 摩西亞倫等遂面伏在以色列族衆會之前。○六 於是窺地之人、有兩人、即嫩之子約書亞、並耶孚尼之子迦利伯、兼裂衣矣。○七 謂以色列族庶衆云、我所巡探之地、嘉美不勝。○八 皇上帝若悅我、則將導我等入其地、又賜之與我矣、乃此地內蜜乳流矣。○九 但爾等勿叛皇上帝、夫其土人無保護者、乃皇上帝佑我、故勿畏矣、毋懼之、我將吞之也。〇十乃衆會囑以石擊此人、纔皇上帝之榮威現於會帳房、當凡以色列族之前也。〇十一皇上帝遂諭摩西云、斯民惹我幾久乎、我雖在其中、因所行各異蹟、不信我幾久乎。〇十二我必降禍除其業、而將爾爲民大有權愈於彼也。〇十三且摩西禀皇上帝曰、主表權率本民、出其中間、而麥西人將聞之。〇十四且報之與此地居民、此人經聽皇上帝、住在此民之中、又見皇上帝之面、且主之雲立其上、晝主乘雲柱、夜主乘火柱、而前往也。〇十五今若欲盡殺庶民如一人、則聞主聲名之國、將言曰、〇十六皇上帝不能導此民至其所誓賜之地、故滅之在野也。〇十七今求主之權必浩大、按所言云、〇十八皇上帝

寬容慈格外恕罪赦愆而不狥有罪者向子討父之罪及三四
代也○十九今求大施鴻憫赦此民之罪如自麥西国及今赦民也○二十皇
上帝遂曰據爾所言我已赦之也○二十一惟我真活全地將以皇上帝
之榮盈滿焉○二十二乃衆人曾看我榮兼所行在麥西国及於曠野之
神跡尚且試我十次並不聽本聲焉○二十三故此必不得見所誓列祖
之地並惹我之人無一者可見之也○二十四但我臣迦利伯心懷別意
盡忠隨我者故我將帶之進所履之地然其苗裔將據之矣明
日宜返且往廣野由紅海之路矣○二十五當時亞馬力迦南等人住在
平地矣○二十六皇上帝遂諭摩西亞倫等云○二十七我曾聞以色列族怨我之
瀆言此惡黨之怨必忍幾久乎○二十八且諭之云皇上帝果自活正如

爾本耳內所言者、我將行與汝矣○二十九爾凡所入籍之總數。自二十
歲以上者、因怨讟我、故汝屍必俱殞在此野○三十斷不可入我所發
誓將給汝居之地矣、止耶孚尼之子迦利伯、並嫩之子約書亞
將入之矣○三十一惟爾子女、爾所說將見擄、我將引進之、而是人將知
爾所輕忽之地矣○三十二但爾之身屍、將殞沒在野也○三十三爾子女將遊野
連四十年間、負爾邪弊、致身屍腐爛、在野外矣○三十四據爾窺探其地
之日數、卽四十日、每日當爲一年、爾將負汝罪四十年間、方知
我拒絕爾等矣○三十五我乃皇上帝曾言之、我必將行此與糾反我之
惡黨、使之亡沒於此野地矣○三十六且摩西所差窺地之人、旣返來謗
地、致令衆會怨恨○三十七其播謗地之人、染災而亡在皇上帝面前矣。

三十八惟往窺地之兩人即嫩之子約書亞耶孚尼之子迦伯利者、存
然尚活也。三十九摩西遂傳此言與以色列衆族且其民憂悶不勝、四十早
晨起登山頂云我在此而獲罪欲赴皇上帝所應承之處且摩四十一
西曰、因何犯皇上帝之命耶、然不得如意四十二夫皇上帝不在爾中
故忽上去、恐被敵殺也四十三蓋亞馬力族並迦南人在爾面前汝即
背皇上帝故皇上帝弗佑爾、乃必以刀倒亡也四十四乃其人擅自上
山頂却皇上帝之約箱並摩西咸不出營矣四十五當時居彼山上之
亞馬力並迦南等類下來克之、趕到何耳馬也

第十五章

一且皇上帝諭摩西云二爾可命以色列族云、爾既至我所賜爾之

居地○三若欲以火祀奉皇上帝、正是焚祭、或發願設祭、或甘心祀
或於瞻禮日將牛羊以爲皇上帝之馨香、○四則獻祭奉皇上帝之
人宜取麵粉一升調瓶油四分一、奉爲饌祭、○五每一隻羔、所焚或
設祭、必備瓶酒四分之一爲奠焉、○六緣羝可辦二升麵粉調瓶油
三分一爲饌祭矣、○七又將瓶酒三分一爲奠、乃皇上帝之馨香、○八倘
用牛爲焚祭、抑祀以盡願、抑以祭謝皇上帝、○九則其牛必帶三升
麵粉以半瓶油參之爲饌祭、○十又必將酒半瓶爲奠、以火燒之祀
爲皇上帝之馨香焉、○十一如此行可緣一隻牛、一隻羝、一隻羔、一隻
羊子然、○十二按其備之數、汝必各人辦而按數行焉、○十三凡生在本地人、
火燒祀爲皇上帝之馨香、亦必如此行焉、○十四有異人共汝住暨歷

世代、凡住在汝中、欲以火燒祭爲皇上帝之馨香、亦必如此行焉、○十五 爾會之人、兼共汝寓之旅客、永世必有同例矣在皇上帝面前、遠客與爾等無異矣、○十六 爾等暨在汝寓之旅、必有同例均法矣。○十七 且皇上帝諭摩西曰、○十八 爾宜轉諭以色列族云、汝既到我所引汝之地、○十九 適爾食其地之餅、則宜獻搖祭奉皇上帝矣、○二十 爾始攪麵粉、宜獻一餅爲搖祭、正如打穀場之搖祭、如是當搖之焉、○二十一 恆歷代宜將其麵之初獻物爲搖祭、奉皇上帝矣、○二十二 倘爾差悞、並不遵皇上帝所命摩西諸條法。○二十三 凡皇上帝以摩西之手諭汝者、自是日皇上帝諭爾歷代以來者、○二十四 倘公會不知、若悞犯法、則諸公會將犢一隻爲燔祭、皇上帝之馨香、依其法樣、其饌、其奠、並草羊

子一隻爲罪祭矣。○二十五且祭司爲以色列族全公會宜爲贖、若悞作
可赦之、因其錯將獻其祭、以火化之奉皇上帝、並罪祭奉在皇
上帝之前焉。○二十六因庶民無知而作之、可赦以色列族全會、兼其中
所寓之異人也。○二十七倘一人無知犯法、則宜獻初年之羯爲罪祭、且○二十八
祭司緣悞犯罪之人、必爲贖、卽在皇上帝之前、無知而犯罪、亦
必爲贖而將赦之也。○二十九若是以色列族中所生之人、抑寓其中之
異人、悞犯法者、俱歸一例也。○三十但凡故意犯法、不論本地異人、正
褻瀆皇上帝、此等人必殄滅在民中也。○三十一蓋其輕慢皇上帝之諭、
而犯其律例、故必負罪、並盡滅此等人矣。○三十二且以色列族正居
曠野時、在安息日遇人拾柴。○三十三看所有之拾柴之人、遂送之到摩

西亞倫並到諸公會、○三十四既未告明如何處治之也、是以囚之、○三十五且皇
上帝方命摩西曰、其人必死、諸公會在營外須以石擊其人、○三十六故
循皇上帝所諭並摩西之命、而諸公會押其人出營以石擊之
死矣。○三十七且皇上帝諭摩西云、○三十八宜命以色列族云、當歷年世代在
袍邊必作纓、其邊上纓必貼藍帶、○三十九既有此纓、則可覩之以仰憶
皇上帝諸誡而行之、切勿仍姻嫪、並毋恁縱本心本眼焉。○四十爾遂
可記且行我之諸律、俾爲聖而歸汝上帝矣、○四十一我乃汝上主皇上
帝素率爾等出麥西国、而爲汝上帝矣、我乃爾上主皇上帝也

第十六章

○一夫利未後裔哥哈特之孫、以斯哈之子哥喇及流便後裔以利

押之二子大單丞亞庇蘭同比利特之子安等結黨會同以色列族數人、其會之君在公會中揚顯名聲者二百五十位、在摩西前起也。○三糾串反摩西亞倫等云、公會各人係聖、且皇上帝寓其中、則汝等自重太甚、為何超逾於皇上帝之公會耶。○四摩西既聽之、俯伏在地。○五且語哥喇及其諸黨曰、明日皇上帝將示孰為聖人、誰乃屬之、且招被擇者近來而就赴也。○六汝可行作如此、哥喇及其衆黨、兼宜執香爐。○七明日點火置香、當皇上帝面前、惟皇上帝所擇者、即為聖也、汝利未族自重太甚也。○八且摩西謂哥喇曰、噫、利未族類、聽我言矣。○九以色列族之上帝、擇爾等出以色列族中、名汝近來服事於皇上帝之帳房、且立公會之前奉事之、豈爲小事乎○十上主名汝及諸兄弟卽利未之族俱近來汝亦求祭司之職乎○十一夫汝兼諸黨糾逆皇上帝正爲斯意且亞倫何人爾得怨之乎○十二摩西遂差人名以利押之子大單亞庇蘭等其曰我不肯來○十三汝導我等出蜜乳所流之地致殺我於廣野豈小事乎尚且自立爲君管我耶○十四爾未領我至蜜乳所流之地並未賜我田畝葡萄園爲業豈欲鑿此人之目睛哉然我等不肯來也○

○十五摩西遂發怒不勝稟皇上帝云請勿俯顧其禮物也我未搶其驢一口亦未害一人也○十六摩西遂謂哥喇曰爾兼諸黨同亞倫明日宜侍皇上帝面前○十七各人可執其爐載香共二百五十香爐近皇上帝面前卽爾兼亞倫各人宜拏其香爐矣○十八於是各人拏本

香爐、點火置香陪摩西及亞倫等咸立會帳房之門前且哥喇○十九遂招諸公會於會帳房之門前對立、忽然皇上帝之榮儀、顯諸公會之面前焉○二十皇上帝遂諭摩亞倫等云○二十一爾宜離此會黨待我頃刻之間、盡滅之也○二十二兩人遂俯伏在地、云。上帝也。萬人生靈之上帝也因一人獲罪、曷怒諸公會乎○二十三且皇上帝諭摩西云。○二十四宜諭諸公會云。必須即赴離哥喇大單亞庇蘭之帳房也○二十五維時摩西起來往向大單亞庇蘭之所、即以色列族之長老隨之○二十六遂謂公會云。請離此惡黨之帳房、勿摸其物、恐罹諸罪偕亡也○二十七隨離去哥喇大單亞庇蘭等出來、帶妻孥、小兒、赴於帳房門○二十八且摩西云。皇上帝遣我行此諸事、並非擅自而行之者、以是可知也○二十九倘此人死如人常死、抑受責猶諸人之責、則皇上帝未遣我也、○三十 倘皇上帝行新事、即地開口吞之、兼其親屬尚活落坑、由是觀之此人觸犯皇上帝也。○三十一 正語此諸言畢、哥喇等腳下之土裂開、○三十二 而地啓口活吞哥喇兼親屬房屋諸業。○三十三 且衆僉諸親屬尚活兼下坑、且地覆之、而在公會之中亡沒也。○三十四 周立以色列諸族聽其哭聲、曰、恐地亦吞我等、且奔逃也。○三十五 於是由皇上帝之面前有火出燒其焚香者二百五十人也

第十七章

一節 且皇上帝諭摩西云、○二 爾可諭祭司亞倫之子以利亞薩曰、其香爐係聖必在火中收拾之、僉必散其火也。○三 此自干罪人之香爐

經捨與皇上帝、莫非係聖物、則可取之、打薄爲廣扁以鑲壇以
爲以色列族之記號、○四且祭司以利亞薩、遂取其燒死者所獻之
銅香爐打薄鑲壇、○五使以色列族繫念、免得異人非亞倫後裔者、
不得近來獻香皇上帝面前、免不成如哥喇兼其黨、正如皇上
帝以摩西之手所命者、○六且於次日舉以色列族衆、會怨摩西亞
倫等云、爾等殺皇上帝之民也、○七且公會正聚集逆摩西亞倫等
之時、忽望其帳房被雲遮蓋、乃皇上帝之榮儀顯焉、○八且摩西亞
倫等來會堂之前、○九且皇上帝諭摩西云、○十爾宜離此公會、待我頃
間滅之、遂俯伏在地矣、○十一摩西遂諭亞倫云、皇上帝已發怒、其災
已流矣、且可執香爐取壇上之火、置香、急進公會、替之爲贖也。

十二且亞倫循摩西之諭奔入公會之中、郤其災已始流諸民之中、故亞倫置香爲民贖罪○十三正立在活者死者之中間、其災禍即止矣○十四夫除爲哥喇之事而死者之外、另染災而遭死者共計一萬四千七百人矣●十五且亞倫即歸摩西在會堂之門前、災禍方止矣。十六且皇上帝諭摩西云●十七轉諭以色列族、按其祖之家、諸君中、依其宗家、必向各人取杖一支矣、共十二杖、並寫各人之名在諸杖上○十八可寫亞倫之名於利未杖上、乃宗之首各必有杖也○十九且按會帳房在法箱之前、在彼我與爾將相遇也○二十且我所選之杖、必萌芽、如此我將除以色列族所怨爾之讖言焉○二十一且摩西遂諭以色列族、於是各君按其宗家每君給一杖、共計杖十二支、乃亞倫之杖在其杖中矣○二十二摩西方按其杖在法箱之帳房在皇上帝之面前○二十三適次日摩西入諸法箱之帳房卻利未家亞倫之杖萌芽開花結杏焉○二十四且摩西由皇上帝前取出諸杖與以色列諸族看觀而各人取本杖也○二十五且皇上帝遂諭摩西云復按亞倫之杖在法箱之前且存之爲諸逆人之記號致止怨我而免死亡之言○二十六夫摩西作此循皇上帝之命而行焉○二十七以色列族遂謂摩西云卻我死我亡庶亡也○二十八凡就皇上帝之帳房必死莫非我盡亡乎哉

第十八章

一節且皇上帝諭亞倫云爾兼子並爾祖家俱宜負聖所之戾又爾兼子應負祭職之戾也○二且以爾祖父之家利未宗派之兄弟爾

可帶來陪爾奉事但爾兼子俱將在法箱帳房前而事也。三必守爾職並守全帳房之職却勿近諸聖所及祭壇之器免彼並爾偕亡也。四可陪爾守會帳房爲帳房之各事乃異人不可就爾矣。五且爾應守聖所又守祭壇務免復加怒以色列族也。六夫我在以色列族中已取爾兄弟利未輩猶皇上帝賜之以行會帳房之事也。七如是爾並汝子兼宜守祭司之職行祭壇及簾裡諸情以奉事也。八蓋我以祭司之職給爾如賞賜之事倘異人近來者必死也。且皇上帝諭亞倫云我托汝以守之以色列族凡所捨之搖祭因汝受傅油我已賜給汝並汝子爲永例矣。九屬火未化至聖之物可歸汝凡禮物凡餼祭凡罪祭凡愆祀等所奉我者咸

與汝并汝子、爲至聖焉、○十宜在至聖所食之、各男人應吃之、汝又
必視之如聖也、○十一且以色列族所奉之搖祭之禮物、并諸舉祭、咸
歸汝、葢我以之賜汝并子女、爲永世之例、諸家內潔人可食之
也、○十二凡上好油、與頂好酒及麥、俱所奉皇上帝之初實者、我已賜
爾矣、○十三且地初熟之物、人所奉皇上帝者、應歸爾、家內衆潔人可
食之也、○十四以色列中所供奉之物、皆必歸爾矣、●十五凡生物開胎者、不
論人獸所獻皇上者、皆必歸爾、但初生之人必須贖也。又以初
生之污獸亦必贖、○十六所當贖者、自一月以上亦宜贖也、按爾所定
之價、即五塊銀、依聖堂之秤、每塊銀二十分也、○十七惟牛初生隻、綿
羊初生隻、草羊初生隻、因係聖物、爾不贖之、乃必灑其血在壇

上而焚膏為火燒之祭、皇上帝之馨香矣。○十八 惟其肉可歸爾、其搖胸右肩一、然。○十九 夫以色列族凡舉祭皇上帝之聖物、我已賜汝僉汝子女為永世之例、正乃皇上帝前與爾並苗裔所立之永鹽約也。○二十 且皇上帝諭亞倫云、在其土地、爾不得嗣業、僉無其分、蓋在以色列族間、我乃爾分業也。○二十一 惟以色列中諸物、十抽其一、我已賜利未族為業、緣會帳房中所務之事也。○二十二 自今以後、以色列族不可就近會帳房、恐負罪而亡也。○二十三 但利未輩宜盡會帳房之事務、而負其罪。且以色列族中利未人不獲產業、乃永世之例矣。○二十四 惟以色列族、抽十分之一、所獻為皇上帝之舉祭、我已賜利未輩為嗣業、故我謂之曰、以色列族中利未人、不獲產業矣。○二十五 皇上帝遂諭摩西云○二十六且傳諭利未輩如此云、爾既抽以色列族十分之一、我所賜汝爲產業者、則當在什一物中再抽十分之一、獻爲舉祭、奉皇上帝也○二十七且爾所舉之祭、可視爲穀塲酒醉之盛焉○二十八如此凡收以色列族之物、什一之中、爾可獻舉祭與皇上帝、且必獻皇上帝之舉祭而許祭司亞倫也○二十九凡爾所得贈物之中、必獻舉祭奉皇上帝、由各項物、必獻最嘉者、即其聖分也○三十故必諭之曰、爾既舉奉禮物之最嘉者、則可視之爲利未人之穀塲酒醉之產物焉○三十一爾兼本家到處可食之、因乃會帳房事務之工賞焉○三十二倘舉禮物之最嘉者、則不負其罪、亦不得汚以色列族之聖物、以免死亡也

第十九章

一節且皇上帝諭摩西亞倫等云○二斯乃皇上帝所諭之律例法度卽使以色列族牽純牲紅牛、從未載軛者○三給之祭司以利亞撒帶出寨外當面必有屠之也○四且祭司以利亞撒以手指染牛之血灑之會帳房之前七次也○五遂當面焚牛火上、皮肉血糞俱焚○六且祭司亦應將香松木牛膝草絳色綿投諸燒牛火上也○七祭司亦必浣衣水內洗身此後入營但祭司至夕必爲汚也○八且焚牛者用水洗衣水內浴身至夕爲汚也○九惟潔人將拾其牛之灰丟在營外於清處可存與以色列族公會爲去俗之水卽淨罪之禮矣○十拾牛灰者宜浣其衣至夕爲汚斯乃本地人及寓爾中之旅客永世之例矣○十一凡摸人之屍、必七日爲污○十二於第三日、必以斯水自凈、及第七日可爲清也、惟於第三日不自凈、則於第七日不得清矣○十三凡摸人之屍、而不自凈者、則染污皇上帝之帳房、故必消滅此人在以色列族中、蓋去俗之水未灑其上、故必染污而其污尚存矣○十四倘人死在帳房、則有斯例、凡在帳內、抑進帳者、連七日爲染也○十五凡開口未加蓋之諸器皿、亦爲污也○十六凡摸野外以劍殺者、抑身屍、抑人骨、抑墳墓、必連七日爲污也○十七有污人以濯罪、必將燒牛之灰、調流水而裝之器內矣○十八且潔人必將牛膝草浸水、灑帳內諸器、與所有之人、或灑在人摸骨骸身屍墳墓乃○十九於第三日第七日、其潔人必灑污人、且於第七日必自潔洗衣、

水內浴身、待夕方潔矣。○二十 倘人染污而不自淨者、既污浼皇上帝
之聖堂、必殄滅之在公會之中矣、夫以去俗之水未灑其身、故
乃污矣。○二十一 斯乃永例、凡灑以去俗之水者、宜浣衣、摸去俗之水者、
至夕爲污也。○二十二 凡污人所摸者、將染污、且摸之之人、至夕爲污矣

第二十章

一節 當正月、以色列族全公會、赴汛曠野、而民住在迦鐵、在彼米蓮
死而見葬焉。○二 當下公會無水、遂糾逆摩西亞倫等、○三 惟民責摩西
云、願兄弟亡時、偕亡在皇上帝面前。○四 曷導皇上帝之會至此野
地、致我兼本畜生斃乎。○五 奚導我出麥西国、到此惡處、在此無播
種、未有無花果、抑葡萄、抑石榴、並無水可飲也。○六 維時摩西亞倫

等離公會赴會堂門前俯伏在地、且皇上帝之榮儀出現矣、且皇上帝諭摩西云、○八爾可執杖、遂共兄亞倫招公會聚集、當面諭磐出水、且爾等可令水出磐、與公會及其畜生飲焉、○九夫摩西遵命而在皇上帝面前取其杖也、○十且摩西亞倫等招公會聚集在磐前、曰爾逆民且聽矣、我等豈必由磐取水乎、○十一摩西遂舉手以杖擊石二次、即水盛流、且公會兼其畜生飲焉、○十二夫皇上帝諭摩西亞倫等云、蓋汝不信我、並以我不成聖在以色列族之眼內、故不得率大衆入我所賜之地也、○十三斯乃爭水因以色列族與皇上帝爭鬬、又緣此人成聖焉、○十四且摩西自迦鐵遣差到以東王云、亞弟以色列曰、我所遭諸苦、是爾知也、○十五蓋我祖遷移麥西國許

久居麥西国乃麥西人磨難我亞列祖也○十六維時禱告皇上帝、卽
聽本聲且差天使導我出麥西国、今抵迦鐵郇極邊之邑矣○十七今
求汝准我經過汝地決不入田圃、不飲井水、乃隨大路不轉左
右待過貴境也○十八惟以東王曰、勿經過我地恐我拉劍逢汝矣○十九且
以色列族遂曰我將在大路上而行、倘我與本畜飲爾之水必
償只要步行過去而已矣○二十曰不得經過也且以東率多軍民強
手敵之也○二十一如此以東不准以色列經過其境故此以色列轉而
離之也○二十二當下以色列族諸公會離迦鐵抵何耳山也○二十三皇上帝
方謂摩西亞倫於何耳山在以東之交界云○二十四緣汝在爭水逆
本諭故此亞倫不進我所賜以色列族之地乃必過世而歸先

祖焉○二十五故帶亞倫兼其子以利亞薩上何耳山、二十六亦脫亞倫之衣、以
之穿其子以利亞薩、但亞倫將歸祖、並在彼死矣○二十七夫摩西遵皇
上帝之命而行、當諸公會面前上何耳山○二十八且摩西脫亞倫之衣
而穿之與本子以利亞薩、且亞倫崩於山頂、於是摩西以利亞
薩等下山也○二十九諸公會見亞倫既死、則以色列全家為亞倫守喪
三旬矣

第二十一章

一節夫住南方、迦南人王亞喇得、一聞以色列由探子之路而來、則
與以色列交鋒、且擄數人○二當下以色列與皇上帝發願、曰主若
以此種類付本手、則我將盡滅其城焉○三乃皇上聽以色列聲、且

付其迦南人盡勦之、並其邑矣、而稱其名何耳馬、四遂由紅海之路離何耳山前往以迴以東地、乃民心內緣此路甚失望也。五其民遂對上帝並摩西云、為何率我等出麥西致死在野、在此無餅無水、而心厭此輕餅矣。六且皇上帝遣火蛇在民中、此咬民而以色列百姓多名斃矣。七故此其民赴摩西云、我瀆皇上帝、又澆汝、且放罪矣、請祈上帝致在我中除蛇矣、且摩西代民祈禱也。八皇上帝遂對摩西云、汝且造火蛇而插之在木柱上、則各人見咬者、一仰觀之得活矣。九且摩西造銅蛇而插之在木柱上、適有蛇咬人、即仰觀銅蛇而得活矣。〇十維時以色列族前進而搭營在阿泊、十一離阿泊後在摩亞伯前於野日起之向在以雅巴林搭營焉。十二且離彼、在撒烈谷搭營焉。十三離彼而在亞耳嫩溪外搭營、正是出亞摩哩之野、乃亞耳嫩溪、係亞摩哩之交界、在摩亞伯、亞摩哩之間。故此。十四在皇上帝之戰書紀曰、所行在紅海、並在亞耳嫩溪。十五在溪之川、即流到亞耳之居宅、在摩亞伯之界也。十六且離彼到庇耳、十七此乃皇上帝所論及而言、摩西云、汝且聚民而我將賜之以水也。於是以色列咏此歌曰、泉必湧哉、而應之也、十八其君掘井、其民之爵士以本杖遵設法士之諭而掘之等語。且其離野而往到馬大拏。十九離馬拏到拏哈列、二十到巴末、正是在摩亞伯地巴末之谷、且離彼而到望耶示門、此士伽山頂。二十一且以色列差使赴亞摩哩王西弘、曰、二十二容我通汝地行、我將避田畝、葡萄園、並不飲井之水、郤欲行大路、迨及過汝界也。○二十三 乃西弘不肯容以邑列過其境、卽聚庶民、出逢以邑列在野、到雅哈斯則與以邑列交戰焉。○二十四 乃以邑列、擊之以利劍、且據其地、自亞耳嫩及雅泊之溪、至亞門族之地、乃亞門族之界係鞏也。○二十五 然以邑列破此諸邑、且以邑列居在亞摩哩之諸邑、在希實本並諸鄉里。○二十六 夫亞摩哩王西弘之京、係希實本、此位與摩亞伯之前王交戰、而向其手取全地、及亞耳嫩也。○二十七 故此言諺者云、來希實本、且必備建西弘之京矣。○二十八 有火出諸希實本、有焰出西弘之京、而燬摩亞伯之亞耳並亞耳嫩高處之主也。○二十九 哀哉摩亞伯、基摩實之民敗矣、其將所逃之子、並其女、給之與亞摩哩王西弘、致被擄也。○三十 我射之希實及底本亡我壞荒之及挪法米底巴等處。三十一 於是以色列居在亞摩哩地。三十二 且摩西差偵探雅設遂破其鄉而驅所有之亞摩哩等。三十三 且以色列出而去由巴山路乃巴山王惡督同庶民出逢之而交戰在以得來。三十四 且皇上帝諭摩西云汝毋畏之我已將是王其庶民其地咸付汝手且汝應處之如處駐希實本亞摩哩王西弘。三十五 如此擊王其子並庶民遂及不遺人活也於是據其地矣

第二十二章

一節 且以色列族前往在約耳但河此邊附耶哩哥在摩亞伯坦搭營焉。二 夫西撥之子巴拉見以色列悉所行與亞摩哩等。三 然其民係多而摩亞伯畏之且摩亞伯焦憂緣以色列族。四 當是時西撥

之子巴拉係摩亞伯王、摩亞伯遂謂米田之長老云、此羣今將
呑凡所有在四方、如牛呑野草、○五方差使到比奪見庇耳之子巴
蘭、即在其民子地之河也。○且召之云、卻有民由麥西來、其覆地
面、而對我面居住也、○六我知汝所祝者獲祝、汝所詛者獲詛、故請
汝來而爲我詛此民、既有能多愈於孤、庶乎擊勝之而驅之出
地、○七維時摩亞伯之長老輩、暨米田長老輩、手帶同卜卦之賞銀
而去矣、一到巴蘭、則以巴拉之言報之也、○八曰、此夜汝且宿此、循
皇上帝之諭、我將報覆、其摩亞伯之君、方陪巴蘭寓矣、○九且皇上
帝來到巴蘭曰、陪汝者是誰人乎、○十乃巴蘭稟上帝云、摩亞伯之
王西撥之子巴拉差之到我曰、○十一卻有民由麥西來而覆地面、汝

且爲我來詛之、庶乎我能勝、而驅之也。○十二 且皇上帝諭巴闌曰、其
民已獲祝、毋可陪此人行、並毋詛之。○十三 早時巴闌起身、謂巴拉之
君曰、皇上帝不准余陪汝往、汝且歸本地矣。○十四 當下摩亞伯之君、
起赴巴拉曰、巴闌不肯陪我而來也。○十五 且巴拉再差愈尊之君來、○十六
到巴闌曰、西撥之子巴拉如此曰、汝來到孤、毋容阻礙。○十七 孤將陞
汝乘大榮、凡所言者、孤亦將行焉、故此來而爲孤詛此民焉。○十八 乃
巴闌答巴拉之臣云、我不得大小逆我上主皇上之諭、連巴拉
滿宮以金銀而賜我、我亦不可也。○十九 汝且終夜宿此、致我可知皇上
帝更所諭我也。○二十 夜間上帝到巴闌云、其人若來招汝、且起而陪
之行焉、乃我所諭汝必行焉。○二十一 且巴闌早起、備驢陪摩亞伯之君

而往焉。○三二於是騎驢而兩役陪之、乃緣其往、上帝烈怒之、而皇上
帝之天使、立在路中對之。○三三夫其驢見皇上帝之天使、手持刀立
在路中、乃其驢避路而往田、但巴蘭撻其驢、致歸路也。○三四乃皇上
帝之天使、立在葡萄埔之徑、在此邊有壁、在彼邊亦有壁矣。○三五維
時驢見天使、則迫壁並向壁逼巴蘭之腳、然其再撻之也。○三六皇上
帝之天使、遂前往、而立在窄處、無轉左右路也。○三七其驢一見皇上
帝之天使、而跌在巴蘭下、乃巴蘭以杖撻驢也。○三八皇上帝遂開驢
口、謂巴蘭曰、汝三次撻我、我與汝有何干耶。○三九且巴蘭曰、汝戲弄
我、我願持刀、今要殺汝。○四十且其驢謂巴蘭曰、我係屬汝、即自屬汝之
日、汝騎在我上、及今日矣、我素與汝何行耶、曰否。○四一當下皇上帝

之天使開巴闌之眼、乃見皇上帝之天使、手持刀立在路中、卽
俯首伏面焉、○三十二乃皇上帝之天使謂之曰、爲何此三次撻汝驢也、
汝道係逆、在我前矣、卻我出以擋汝也、○三十三乃驢見我、避此三次、倘
若不避我、果已殺汝、並保驢之命也、○三十四且巴闌謂皇上帝之天使
云、我不知汝攻我、立在路中、我犯罪矣、設汝不悅意、我將歸也、○三十五
夫皇上帝之天使謂巴闌云、汝且陪此人而去、獨我所諭汝之
言、汝必言焉、如此巴闌陪巴拉之君而往、○三十六夫巴拉一聞巴闌已
來、則出到摩亞伯之某邑、以接之矣、此乃在極境在亞耳嫩之
界也、○三十七乃巴拉謂巴闌云、莫非勤差召、爲何不來到孤、豈非不能
陞汝乘榮乎、○三十八且巴闌謂巴拉曰、我卻來到汝、我曷有能言事乎、

上帝所插本嘴之言、我亦將語矣。二十九夫巴闌陪巴拉、到基烈糊槊、
四十且巴拉獻牛羊而送到巴闌並所陪之君焉。四十一適早巴拉引巴闌
到巴勒之高處、由彼觀其民之極矣、

第二十三章

一節夫巴闌謂巴拉曰、汝且築七壇、而備牛七隻、羝七隻矣。二乃巴拉
遵巴闌之言而行焉、即巴拉巴闌等在各壇上祭一隻牛、並一
隻羝矣。三夫巴闌對巴拉曰、汝且附焚祭立、而我將去矣、庶乎皇
上帝將來以接我、凡所啟我者、亦將奏汝矣。四且皇上帝逢巴闌
其謂之云、我築七壇而在各壇祭一隻牛、及一隻羝。五且皇上帝
以言插巴闌之嘴曰、汝且歸巴拉、必如此言云。六歸卻自並摩

亞伯之諸君、附焚祭而立矣。○七遂開詞曰、摩亞伯之王巴拉引我
由亞蘭來、卽由東山也、且云汝且詛雅哥伯且凌以色列、但上
帝若不詛之、我卻何詛之、皇上帝若不淩之、我卻何淩之乎。○九由
磐之頂我觀之、由山頂我望之、卻其民必獨居、並不算之在国
中也、誰能算雅哥伯之塵、並以色列四分之一乎、願死如義人
逝世、然我臨終、如是人無異矣。○十一且巴拉謂巴蘭曰、汝與我何行
哉、我引汝致詛我敵、乃汝祝嘏也。○十二答曰、皇上帝所插本嘴內、我
莫非宜言乎。○十三且巴拉謂之曰、請陪我由所能觀之、而求他處、汝
必觀其極、但不見其衆、由彼必詛之也。○十四遂引之到庇士伽山頂、
在鎖非田、且築七壇、而在各壇祭牛羝各一隻矣、遂謂巴拉曰、

汝且附焚祭而立矣、乃我在彼、將逢皇上帝矣。十六 且皇上帝逢巴蘭、以言插其嘴內曰、再赴巴拉如此言云。十七 回時、御自並摩亞伯之諸君附焚祭而立矣、且巴拉謂之曰、皇上帝言何哉。十八 遂開詞曰、巴拉起而聽哉、西撥之子、必聽我哉。十九 上帝非係人而能謊、並非人之子致惜矣、其意莫非行此乎、其語莫非應之乎。二十 御我奉祝、而其祝之也、而我不能反之。二十一 主在雅哥伯不觀咎、在以色列亦不見逆弊、其上主皇上帝佑之、其中有王之歡呼也。二十二 上帝率之出麥西、而其有兕之鼎力矣。二十三 夫反雅哥伯不得誣、又反以色列不得占、於此時論雅哥伯以色列等、將云上帝何行哉。二十四 其民必興起、如大獅而起、如狻也、未食所捉並飲亡之血、亦不偃焉。

二十五且巴拉謂巴闌云、汝毋詛、並毋祝之、○二十六乃巴闌答巴拉曰、我莫非
報汝、凡皇上帝所諭我必行焉、○二十七巴拉遂謂巴闌云、汝且來、我將
引汝到他處、庶乎上帝悅意、致汝由彼詛之也、○二十八巴拉遂引巴闌
望耶示門到庇耳山頂、○二十九且巴闌謂巴拉曰、在此必築七壇、在彼
亦備牛七隻羝七隻、○三十且巴拉循巴闌之言而行、在各壇祭牛一
隻羝一隻矣

第二十四章

一節夫巴闌一看皇上帝悅意、祝以色列、不仍舊往而求邪術、卻面
○二望野、乃巴闌抬眼看以色列、按其宗派駐帳房內、於是皇上帝
○三之神臨之也、開詞曰、庇耳之子巴闌曰、有開眼之士云、○四聽上帝

言者見全能主之啟開眼而神覺矣。○五此人曰、雅哥伯之幄幃、以色列之帳房、係嘉哉、○六如谷延焉、如在河邊之埔、如皇上帝所植之檀樹、如香松在水邊、○七其將倒水出桶、其種多在水、其王高愈亞甲、而必舉其国也。○八皇上帝之出麥西、其有如兕之鼎力、其必吞其敵国、折其骨、而刺之以箭焉。○九其埋伏如獅、若大獅、誰將慫之乎。祝汝者將獲祝、詛汝者將獲詛矣。○十且巴拉烈怒巴闌、以掌相拍、且巴拉謂巴闌曰、我召汝以詛本敵、乃汝三次祝之、汝且逃到本處、我想陞汝乘大榮、乃皇上帝阻汝獲榮焉。○十二巴闌遂謂巴拉云、汝所差之使、我莫非謂之云、○十三巴拉若以滿宮金銀而賜、我不得逆皇上帝之諭、命不隨意行好歹也。乃皇上帝所諭者

我將言焉。十四 御令我歸本民、汝且來而我將以此竟日所行之情、
奏汝。十五 遂開詞云、庇耳之子巴闌曰、有開眼之人云。十六 聽上帝言者、
有峻巍者之知識、且見全能主之啟開眼而神覺矣。十七 此人曰我
將見之、但不今、在我將觀之、但不近焉、由雅哥伯必星來、由以
邑列其柄必起、其將擊摩亞伯之隅、並壞諸該族也。十八 乃以東必
為西耳之業、亦為敵之業、乃以邑列必勇行焉。十九 其操權之主將
由耶哥伯來、酶壞城中所存者。二十 且顧亞馬力、開此詞曰、亞馬力
為国首、乃必臨終而永亡矣。二十一 顧基尼人、開詞曰、汝居宅鞏也、在
巖內結巢矣。二十二 御基尼必見掃乎、迨及亞書耳人擄押汝去矣。二十三 遂
開詞曰、上帝行此之時、誰將活乎。二十四 乃必有船由其亭之境來磨

難亞書耳又擾希伯耳此亦必永亡也 ○二十五 巴闌遂起而歸本處也
巴拉亦去矣

第二十五章

一節 維時以色列住在失田乃民與摩亞伯之女始苟合 ○二 且請其民赴其菩薩之祭而民餐且拜伏其神明焉 ○三 蓋以色列與巴勒庇耳相合皇上帝遂烈怒以色列 ○四 且皇上帝諭摩西云汝且將百姓之諸首領且掛縊之在皇上帝之前太陽向致皇上帝之烈怒避以色列 ○五 摩西方諭以色列衆臯司云汝各人必戮殺與巴勒庇耳相合之人 ○六 適在會帳房門前涕哭之際有以色列族之人摩西眼同並以色列族衆眼同之時携米田女赴其昆仲 ○七 維

時祭司亞倫之孫以利亞薩之子非尼亞看此則在會中起手
將槍隨以色列人進帳房而刺該以色列並該女之肚○八乃是如
此其禍在以色列族中止矣○九因此禍所斃者共計二萬四千人
十皇上帝遂諭摩西云○十一祭司亞倫之孫以利亞薩之子非尼亞在
其中緣我懷熱氣且令本怒避以色列而我忌心不得吞以色
列族○十二葢緣其上帝懷熱氣而緣以色列行贖故此必曰○十三我賜之
以本安之約自必接之並其後之苗裔亦然正是永祭司職之
約也○十四夫所殺之以色列人之名正所共戮會同米田婦者係心
哩其屬西爾係家宗之首領撒路之子○十五其米田婦係哥斯庇之
女名蘇耳其父係民之長領而屬米田之首家也○十六且皇上帝諭

摩西云、汝且擾擊其米田人也、〇十七 當禍之日、緣庇耳殺其妹、正是〇十八

米田君哥斯庇之女、此等人挑汝以庇耳之事、且誘惑汝、

第二十六章

一節 此禍後、皇上帝諭摩西並亞倫之子以利亞薩云、〇二 汝且將在以色列中、〇三 自二十歲以上、各人能上陣者、依其祖宗而算以色列會衆、於是摩西並祭司以利亞薩、沿約耳但河附耶哩哥、在摩亞伯之坦、〇四 言之曰、遵照皇上帝諭摩西並所出麥西地之以色列族、汝必算有二十歲以上之人、〇五 以色列之長子流便、此係流便族、〇六 哈諾並哈諾之家、巴路並巴路之家、希斯倫並希斯倫之家、〇七 迦米並迦米之家、此乃流便之家、所算者係四萬三千七百

三十名○八巴路之子、係以利押、九以利押之子、係尼母耳、大單、亞庇
蘭等、此乃是大單亞庇蘭等、在會內有聲名正共哥喇反皇上
帝、亦攻摩西亞倫等、○十且地開口、會同哥喇一概呑之、當下其黨
亡、而其火燬二百五十人、俱爲兆號也、十一然哥喇族不亡也。○十二西面
之裔照其祖宗、卽尼母耳、亞尼母耳之家、雅民、亞雅民之家、雅
斤、亞雅斤、雅斤之家、十三西喇、亞西喇之家、沙羅、亞沙羅之家、○十四此乃西面
之家、共二萬二千二百名、○十五迦得之裔、按其家也、卽西分、亞西分
之家、哈其、亞哈其之家、書尼、亞書尼之家、十六阿士尼、亞阿士尼之○
家、以哩、亞以哩之家、十七亞律、亞亞律之家、亞哩利、亞亞哩利之家
十八此乃迦得族之家、按照所算者、共四萬零四百名、○十九猶大之裔、係

耳阿南等、乃耳阿南等在迦南地死矣。○二十猶大之裔按家卽係示拉、並示拉之家、法哩示並其家、西喇並西喇之家、○二十一法哩士之子係希斯崙並其家、哈末並其家、○二十二此乃猶大之家、按照所算者共七萬六千五百名。○二十三以薩迦之裔按其家、卽多拉並多拉之家、部亞並部亞之家、○二十四雅書伯並雅書伯之家、伸崙並伸崙之家、○二十五此係以薩迦之家、按照所算者共六萬四千三百名。○二十六西布倫按其家、卽係西烈並西烈之家、以倫並以倫之家、雅烈並雅烈之家、○二十七此乃西布倫之家、按照所算者共六萬五百名。○二十八約色弗之裔按其家、係馬拏西以法蓮等。○二十九馬拏西之裔卽係馬吉並馬吉之家、乃馬吉生其列、乃其列生出其列之家、○三十其列之子卽係耶斯並耶

斯之家希勒僉希勒之家○三十一亞薩烈僉薩烈之家示劍僉示劍之
家○三十二示米大僉示米大之家希非耳僉希非耳之家○三十三夫希非耳之
子西羅非撻無子乃有女卽西羅非撻女之名係馬拉那亞何
客拉密迦的薩等○三十四此乃馬挐西之家按照所算者共五萬二千
七百名○三十五以法蓮之裔按其家卽係書提拉僉書提拉之家庇迦
僉庇迦之家大漢僉大漢之家○三十六書提拉之子係以蘭僉以蘭之
家○三十七此乃以法蓮之家正是約色弗之子按其家也卽據所算者
共三萬二千五百名○三十八便雅民之裔按其家卽係庇拉僉庇拉之
家亞實別僉亞實別之家亞希蘭僉亞希蘭之家○三十九書反僉書反
之家戶班僉戶班之家○四十庇拉之子係亞耳得挐慢等卽亞耳得

之家、拏幔、並拏幔之家、○四十一此乃便雅民之族、按其家、所算者、共四萬五千六百名、○四十二但之裔、按其家、係書含、並書含之家、此乃但之宗、按其家也、○四十三衆書含人所算者、按其家、共六萬四千四百名、○四十四亞沙之子、按其家、係音拏、並音拏之家、耶遂、並耶遂之家、庇哩亞、並庇哩亞之家、○四十五此哩亞之子、係希伯、即希伯、並其家、馬勒吉、並馬勒吉之家、○四十六亞沙女之名、係撒喇、○四十七此乃亞沙族之家、按照所算者、共五萬三千四百名、○四十八納大利之裔、按其家、係雅設、並雅設之家、姑尼、並姑尼之家、○四十九耶設、並耶設之家、示連、並示連之家、○五十此乃納大利之家、按其家宗、共算四萬五千四百名、○五十一夫以色列族共計六十萬一千七百三十名、○五十二且皇上帝諭摩西云、汝必以地分

給此人按照其名之數○五十三即與多必給多業、與少必給與少業按○五十四
照所計之數、必與各人給其業矣○五十五但必掣籤而分其地矣正是
按照列祖宗派之名、必據業矣○五十六依籤必分給其業與多及與少
也○五十七利未輩按其家所算者係革順之家哥哈特金哥哈特之家
米喇哩並米喇哩之家○五十八此乃利未輩之家、立挐之家希伯崙之
家馬利之家、母示之家哥喇之家○五十九暗蘭之妻名曰約基別、即係
利未之女、利未所生在麥西地此婦生暗蘭○六十亞倫摩西米蓮等○
○六十夫亞倫生挐答、亞庇戶以利亞撒以大馬等夫挐答亞庇戶等、
祭異火在皇上帝前而死矣○六十一與利未給業在以色列族中故不
算之在以色列族中、即各男一月以上之紀共計三萬三千人○

六三 卽是摩西並祭司以利亞薩所算、此人其算之沿約耳但河附耶哩哥在摩亞伯之坦、〇六四 昔在西奈野摩西並祭司亞倫等算以色列族之時、但此次無一在其中間、〇六五 夫皇上帝論之諭曰、必在野死矣、故除非耶孚尼之子迦利伯並嫩之子約書亞、不存一人焉

第二十七章

一節 於是其列之孫、希非耳之子、西羅非撻之女、正屬約色弗之子馬拏西之宗、而其列係馬拏西之孫馬吉之子、卽其女之名係馬拉、那亞、何客拉、密迦、的薩等、〇二 俱來侍摩西祭司以利亞薩衆會之君、在會帳房之門前、〇三 曰、父親在野死、乃不在糾反皇上帝

之黨、內卽哥喇黨、因本罪死、並無子矣、○四既無子、爲何父親之名
在家內必刪除乎、故在父之兄弟中、必以業賜我、○五且摩西以此
案報皇上矣、○六且皇上帝諭摩西云、西羅非撻○七之女所言屬是矣、
汝一定必賜之以業、在父兄弟基業之中、乃必令之接父之業
矣、○八但汝必謂以色列族云、人死並無子、其業必歸其女矣、○九倘無
女、其業必歸其兄弟矣、○十卽無兄弟、則以業必歸叔、○十一但父無兄弟、
則以業必歸家之親屬、以據之、按照皇上帝諭摩西、此必爲以
色列族制令之律例、○十二且皇上帝諭摩西云、汝且登亞巴林山致
觀我所賜以色列之地矣、○十三觀之後、汝且如兄亞倫之歸、亦必歸
會本民焉、○十四卽在汛野、其公會爭時、在迎鐵於汛野、於米哩巴而

汝等叛我、並不在彼川、於其眼前稱聖我也。○十五且摩西稟皇上帝

云、○十六願凡胎各神之上帝、派人管其會也。○十七此人可督之而出、督之

而進、可引之出、亦可引之進焉、免得皇上帝之會成如無牧之

羊也。○十八且皇上帝諭曰、汝且取感神之人、嫩之子約書亞、而以手

按其上也。○十九且引之到祭司以利亞薩之前、並會衆之前、而其眼

同之時、必諭囑之也。○二十汝且以本榮頒、必加之致以色列會衆遵

之也、此人必侍在祭司以利亞薩之前、而在皇上帝之前、必依

光之例、爲之詢事。○二十一自己並凡以色列族、即是衆會、必聽其諭而

出、亦聽其諭而進焉。○二十二且摩西遵皇上帝之命而行焉、即取約書

亞、而攜之到祭司以利亞薩之前、並衆會之前焉。○二十三蓋依皇上帝

以摩西之手所諭者、亦按手其上而囑伸諭矣。

第二十八章

一節 且皇上帝諭摩西云、二 汝必諭以色列族云、汝等必隨時留心、以
獻本餅祭祀、並以火所祀爲馨香者。三 汝必諭之云、以火所祀祭
皇上帝者、正是初年牲羔二隻、乃日日恒用之焚祭矣。四 其羔一
隻必祭早時、其羔一隻必祭晚時。五 乃麵粉一升、係饌祭、必以精
油一罇四分之一而調也。六 此乃在西柰山所飭之恒焚祭、係馨
香、以火所祀之皇上帝矣。七 其奠必一罇四分之一、羔一隻、卽在
聖處、以好酒必灌在皇上帝爲奠焉。八 另他隻羔必晚時祭、仍朝
之饌祭、並其奠、且設此祭、係以火所祀皇上帝之馨香焉。九 在安

息日、必將初年牲羔二隻、麵粉二升、調以油爲饌祭、並其奠焉。十此乃每安息日之焚祭、此外別有恒用之焚祭並其灌奠。○十一在月之初時、汝必與皇上帝設焚祭、正是幼牛二隻、羝一隻、初年牲羔七隻、○十二每一隻牛、麵粉三升、調油爲饌祭、每一隻羝、麵粉二升、調油爲饌祭矣、○十三每一隻羔、麵粉一升、調油爲饌祭、正乃焚祭、以火所祀皇上帝爲馨香也、○十四每一隻牛、酒半罇爲奠、每羝一隻、三罇三分之一、○十五每一隻羔一罇四分之一、此乃每月之焚祭、正是終年各月矣、○十六除恒用焚祭灌奠外、亦必將山羊之子一隻、獻皇上帝、爲罪之祭矣、乃正月十四日、係皇上帝逾節之瞻禮、○十七其瞻禮在是月之十五日、連七日、必食無酵之餅矣、○十八於初一日、必招聖會、於是日、毋得作役事矣。十九 乃必以火化而祀、爲皇上帝之焚祭、即幼牛二隻、羝一隻、初年之羔七隻、俱必牷純焉。二十 其饌祭必係麵粉、調以油者、每一隻牛三升、每一隻羝二升。二十一 凡七隻羔、每一隻羔必祭一升也。二十二 並羊子一隻、爲罪祭而行贖也。二十三 悉必並焚祭、朝時祭矣、即係恒用之焚祭。二十四 除恒用焚祭並灌奠外、汝必連七日每日設祭、以火化所祀之物、爲皇上帝之馨香。二十五 於第七日必有聖會集、並毋作役事矣。二十六 其菓初熟之日、汝以饌祭奉皇上帝之時、其七日畢、必有聖會集、並毋作役事矣。二十七 乃必設焚祭、爲皇上帝之馨香、正是幼牛二隻、羝一隻、並初年羔七隻、每一隻牛、麵粉三升、調之以油。二十八 每一隻羝、麵粉二升。二十九 凡七隻羔、每一隻

羔一升。〇三十另一隻羊子、致為汝行贖也。〇三十一除恒用焚祭饌祭、並灌奠外、俱必牷純、且祭之。〇三十二

第二十九章

〇一節於七月、是月之初一日、汝必招聖會集、汝不得作役事、正是吹號筒之日矣。〇二汝必設焚祭、為皇上帝之馨香、即幼牛一隻、羝一隻、並初年牷羔七隻。〇三其饌祭、每一隻牛、麵粉三升、調以油、每羝二升。〇四凡羔七隻、每一隻羔一升。〇五草羊子一隻為罪祭、緣汝行贖也。〇六此外其月之焚祭、兼其饌祭、並其日之焚祭、及其饌祭、其灌奠、照其樣也、此為之馨香、皇上帝化火之祀矣。〇七於七月初十日、必招聖會、而磨難汝靈䰟、並不行何工、乃必以焚祭奉皇上帝

爲馨香、卽牛一隻、羝一隻、初年之羔七隻、俱牷純焉○九每一隻牛之饌祭、備以麵粉三升、調以油也、每一隻羝二升、○十凡七隻羔、每一隻羔一升、○十一一隻羊子爲罪祭、此外有贖之罪祭、其恒焚祭、其饌祭、並其灌奠焉○十二於七月十五日、汝必招聖會集、連七日必守皇上帝之瞻禮、並不行役事矣○十三於是汝必設焚祭、卽以火化之、祀皇上帝之馨香、正是幼牛十三隻、羝二隻、初年之羔十四隻、俱牷純○十四其饌祭、係麵粉調以油、凡十三隻牛、每一隻牛三升、各二隻羝、每一隻羝二升、○十五凡十四隻羔、每一隻羔一升、○十六羊子一隻爲罪祭、此外其恒焚祭、饌祭、並灌奠、○十七於二日幼牛十二隻、羝二隻、初年之羔十四隻、俱牷純、○十八其饌祭、其灌奠、爲牛、爲羝、爲羔、俱必照其數樣、○十九羊子一隻、爲罪祭、此外其恒祭、焚祭、饌祭、灌奠焉。○二十於三日、牛十一隻、羝二隻、初年之羔十四隻、俱牷純、○二十一加其焚祭、其饌祭、其灌奠、必照牛羝羔等之數樣也。○二十二羊子一隻、爲罪祭、此外其恒焚祭、其饌祭、其灌奠焉。○二十三於四日、牛十隻、羝二隻、羔十四隻、俱牷純焉、○二十四其饌祭、其灌奠、俱必照牛羝羔數之樣。○二十五羊子一隻、爲罪祭、此外其恒用之焚祭、饌祭、灌奠。○二十六於五日、牛九隻、羝二隻、羔十四隻、俱牷純焉。○二十七其饌祭、其灌奠、俱照牛羝羔之數樣。○二十八羊一隻、爲罪祭、此外其恒用之焚祭、其饌祭、其灌奠焉。○二十九於六日、牛八隻、羝二隻、初年之羔十四隻、俱牷純焉。○三十其饌祭、其灌奠、皆照牛羝羔等數樣。○三十一羊一隻、爲罪祭、此其恒用之焚祭、其饌祭、其灌奠。

三十二於七日、牛七隻、羝二隻、初年之羔十四隻、俱牷純焉。三十三其饌祭、及
灌奠、皆照牛羝等之數樣。三十四羊一隻、爲罪祭、此外其恒用之焚祭、
饌祭、灌奠焉。三十五於八日、必招肅會、並不作役事矣。三十六乃必設焚祭、以
火化之祀、皇上帝之馨香、正是牛一隻、羝一隻、初年之羔七隻、
俱牷純焉。三十七其饌祭、及灌奠、皆照牛羝羔等之數樣。三十八羊一隻爲罪
祭、此外其恒用之焚祭、其饌祭、其灌奠。三十九此事必行、與皇上帝在
瞻節、另有發願、甘心獻禮、其焚祭、其饌祭、其灌奠、其謝祭。四十按照
皇上帝凡所諭摩西、摩西亦轉諭以色列族

第三十章

一且摩西諭以色列族、謂宗派之首領曰、皇上帝諭此、二即使人發

願與皇上帝、或發誓以結其約、則不得失其言、乃循悉所出其
嘴者、可行焉○三若有女幼時在父家發願而甘結矣、○四其父聞其願、
並所甘結其心之言、又其父默然、則凡所發願者必立、又凡所
甘結約者亦必立矣○五但父於所聽之之日不准之、即所發願所
甘結本約、並不得立、因父不准之、皇上帝亦將赦之也○六倘發願
或吐唇言之時、若有丈夫、○七乃丈夫於聞之日、聽時默然不言、則
其願必立、並所甘結本約、亦必立矣○八但聞之之日、其丈夫不准
之、則以所發願者、並唇所吐者、及所甘結約者、兼必廢、而皇上
帝將赦之○九乃寡婦並所休之妻、凡所發願以結其約者、亦必立
矣○十倘在丈夫之屋發願、或發誓以結其約、○十一然其丈夫聽之並不

語、又不禁之、則凡所發願者必立、而凡所甘結約者亦必立矣。
十二 乃丈夫於聽之之日廢之、則凡願出唇者、或所結約者、不得立、其丈夫廢之、而皇上帝必赦之也。十三 凡願凡誓以磨難約者、其丈夫可立、亦可廢也。十四 倘丈夫每日不語、則以婦之凡願凡所結者立矣、因於聞之日默言不語、是以立之。十五 但聞之之後、若廢之、夫則必負其罪矣。十六 皇上帝所諭摩西之例、管夫婦並在父家之幼女、與其父、正如右也。

第三十一章

一節 皇上帝諭摩西云、二 汝且以以色列族之仇報米田、而後可歸列祖也。三 且摩西諭民曰、汝必持械備戰、且攻米田、以雪皇上帝所怨米田焉○四卽以色列諸宗派、每宗派以一千丁、必調以戰焉○五且摩西調祭司以利亞薩之子非尼亞、手帶聖器○六並其號筒以吹、而往戰。督同每宗派一千丁、致交戰焉○七遂遵照皇上之諭、與米田交戰、而殺凡男○八另所戮者、亦殺米田王以未、哩金、蘇耳、戶耳、哩巴等、卽王五位、又以刀刺庇耳之子巴闌○九且以色列族、擄米田之諸女子、又搶該畜牲、諸羣羊、諸貲貨也○十其所居邑、並其壁壘、一概以火燬矣○十一且奪人獸之各贓物件○十二遂帶所掠贓各物件、赴到摩西祭司以利亞薩而以色列族之會、卽在約耳但河附耶哩哥於摩亞伯之坦○十三且摩西並祭司以利亞薩、及會之諸君、俱出以接之在營外○十四但摩西怒戰來軍之武官、管千之官、管百之官○十五然摩西謂之云、汝且救各女之活乎○十六卻此女從巴闌之計、而誘以色列族、致因庇耳之事、犯罪乎皇上帝、於是在皇上帝之會內有禍也○十七故此在孩兒之中、必殺各男、又殺與男所交各女人、○十八乃凡女兒未與男交者、可以保活爲己用也○十九凡殺人、凡摸斃者、必本身並被虜輩俱清淨、即於第三日、及於第七日、而住在營外、連七日矣○二十又必淨汝諸衣、凡以皮所作者、凡羊毛之物、並凡木物也○二十一且以利亞薩諭往戰之武士曰、皇上帝所諭摩西之例如左○二十二金、銀、銅、鐵、錫、鉛、○二十三各物火所不燒者、可煉以火而爲清矣、卻必在離俗水浸之、而凡火所燒者、必以水辦也○二十四於第七日、必淨衣而爲清、而後來營焉○二十五皇上帝亦諭摩西云、○二十六汝自並祭司

以利亞薩、督同會之首爻咸、必共計其贓也。二十七 且判其贓爲兩分、
一歸人在交戰出打仗、一歸衆會。二十八 向出戰之武士、必征皇上帝
之貢、每五百人中之一、人、牛、驢、羊、一。二十九 然、卽向其半贓、必取
之交祭司以利亞薩、爲皇上帝之搖祭矣。三十 乃向以色列之半、汝
必在五十人中取一分、卽人、牛、驢、羊、各項獸、且交之與守皇上
帝帳房之利未輩。三十一 乃摩西、並祭司以利亞薩、遵照皇上帝諭摩
西而行焉。三十二 其武士所掠之餘贓、共羊六十七萬五千隻、三十三 牛六十
一萬二千隻、三十四 驢六萬一千隻、三十五 女人未與男交房者、共三萬二千
名、三十六 卽其半歸出交戰之輩、共計羊三十三萬七千五百隻、三十七 皇上
帝之貢、係六百七十五隻、三十八 其牛係三萬六千隻、乃皇上帝之

貢係七十二隻、○三十九其驢係三萬零五百隻、乃皇上帝之貢係六十
一隻、○四十其人係一萬六千名、乃皇上帝之貢係三十二口、○四十一按照皇
上帝諭摩西、卽摩西將其貢物、正是皇上帝之搖祭、交祭司以
利亞薩、○四十二夫摩西向武士所取交以色列驣一半、○四十三卽歸公會之半、
係羊共三十三萬七千五百隻、○四十四牛三萬六千隻、○四十五驢三萬零五
百隻、○四十六人一萬六千名、○四十七按照皇上帝諭摩西者、卽摩西向以色列
之半驣、取人連牲五十分之一、而交之與守皇上帝會帳房之
利未輩、○四十八夫管軍之一千丁、管千之官、管百之官、咸就近摩西、○四十九謂
摩西云、臣算所屬權之武士、並無失一人也、○五十故此各人所得之
寶金鏈、鐲、戒指、耳環、牌等物、我帶以獻皇上帝、致在皇上帝之

前爲贖也。〇五十一 維時摩西僉祭司以利亞薩收其金、兼凡珍寶也。〇五十二 夫管千之官、管百之官所獻之諸金、共一萬六千七百五十兩、〇五十三 乃武士各人自亦取贓也。〇五十四 且摩西兼祭司以利亞薩收管千官僉管百官之金、而帶之到會帳房、卽是在皇上帝之前、以色列族之表記

第三十二章

一 夫流便族僉迦得族多有畜牲、一看雅設人之地、僉其列之地、〇二 正是畜牲之處、且流便族僉迦得族赴來摩西僉祭司以利亞〇三 薩及其會之君、亞大綠、底本、雅設、寧喇、希實本、以利亞利、示班、〇四 尼破、庇稳之地、正是皇上帝在以色列會面前所擊之地、卻此

處係畜牲之處也乃臣等有畜牲矣○五故曰若我在眼內獲恩焉
則以此地賜臣等為業並毋督我渡約耳但河且○六摩西謂迦得
族並流便族云汝兄弟往交戰之時汝要坐此乎○七汝為何破以
色列族之心致不得渡皇上帝所賜者之地○八我由迦鐵巴尼亞
差汝祖以探地其行亦然○九赴以實各谷之時卽看其地則破以
色列族之心致不往皇上帝所賜者之地矣○十當時皇上帝亦烈
怒也且發誓曰既不盡心而從我○十一故所有二十歲以上之人出
麥西国者無一名將觀其地我所發誓與亞伯拉罕以撒雅哥
伯等○十二獨基尼人耶孚尼之子迦利伯並嫩之子約書亞盡心從
皇上帝故存之也○十三且皇上帝烈怒以色列而連四十年令之遊

野、迨及在皇上帝之眼內所作惡弊之衆、世代盡亡也。十四 卻汝代
祖起矣、而增其罪人、致加皇上帝之烈怒以色列矣。十五 倘若背之、
則再將遺之在野、而汝將滅庶民焉。十六 其人方就摩西曰、我爲畜
牲將搭欄、而爲孫兒築城。十七 我孩兒緣其士民、必居在鞏城內、但
我自已要持械而往在以色列前、迨及攜之到本處。十八 我不肯歸
本家、迨及以色列族各人接其基業矣。十九 但我不肯接業在約耳
但河外境、乃本業歸我在約耳但河此邊東向。二十 摩西遂謂之曰、
若要如此行、而持械而往在皇上帝之前致交戰。二十一 然衆在皇上
帝之前、持械而渡約耳但河、迨及驅其敵其前焉。二十二 而服此地在
皇上帝前、嗣後可歸、而在皇上帝之前、並以色列前無辜矣、但

此地爲汝業、在皇上帝之前。〇二十三 倘不肯如此行、卻汝犯罪於皇上
帝、而果然可知其罪將累汝。〇二十四 汝必爲孩兒建邑、而爲羊搭欄、而
循所吐口者亦必行焉。〇二十五 於是迦得族並流便族、謂摩西云、臣等
將遵主之諭而行焉。〇二十六 我妻、我兒、我羣羊、並凡畜牲、必在其列之
邑矣。〇二十七 但臣等循我主所言、各人將持械、在皇上帝前渡河而交
戰焉。〇二十八 且摩西論此人、諭祭司以利亞撒、並嫩之子約書亞、以色
列族宗派之首父、〇二十九 摩西又謂之云、迦得族並流便族、各人持械
以交戰在皇上帝前、若要陪汝渡約耳但河、服地在汝面前、遂
必以其列之地、賜之爲業矣。〇三十 倘不肯持械而陪汝渡、則必存爾
中於迦南地有業矣。〇三十一 維時迦得族並流便族答曰、按照皇上帝

諭臣等我將行焉。○三十二我將持械在皇上帝前往到迦南地、致本業在約耳但河此邊歸我也。○三十三於是摩西將亞摩哩西弘王之国巴山王惡之地、僉境內邑兼週地之城俱給迦得族流便族僉約色弗之子馬拏西之半宗派。○三十四夫迦得族建底本、亞大綠、亞囉耳、○三十五亞哭說反、雅設、約庇亞、○三十六伯寧喇、伯哈蘭、卽乃聳城、僉羊欄。○三十七流便族建希實本、以利亞利、基烈太音、○三十八尼破、巴勒免、悉馬等邑、且改其名而稱所建之邑以他名焉。○三十九夫馬拏西之子馬吉之族往到其列驅內所有亞摩哩等僉據之也。○四十且摩西以其列地賜馬拏西之子馬吉其在彼居矣。○四十一乃馬拏西之子睚耳取小邑而稱之哈物睚耳。○四十二且挪巴往而取基納僉其村而按本名稱之挪巴

第三十三章

一節 且摩西亞倫等手督其軍、並以色列族出麥西地、其程如左。○二乃摩西遵皇上帝之命而錄所躦之程、其躦程之來歷如左。○三正月、即於正月之十五日、離喇米西、正於逾越節之次日、以色列族、蒙高手之祐而出、在衆麥西人眼同焉、○四夫麥西人將皇上帝所戮其中之諸初生而葬之、皇上帝亦究辯其菩薩也、○五夫以色列族離喇米西、而搭營在穌割、○六遂離穌割、且搭營在野之界、於以但、○七遂離以但、再歸庇哈希綠、正是在巴勒洗分之前、而搭營在密奪之前、○八遂離庇哈希綠之前、通海行而進野、三日程、卽在以但野、且搭營在馬喇、○九遂離馬喇、而到以林、乃在以林有十二水

泉棗樹七十株、在彼搭營焉。十遂離以林而搭營附紅海。十一遂離紅
海而搭營在汎野、十二遂離汎野而搭營在多弗迦。十三遂離多弗迦而
搭營在亞綠。十四遂離亞綠而搭營在哩非亭、在彼民無水以飲焉。
十五遂離哩非亭而在西奈野搭營、十六遂離哩非亭野而搭營在及錄
哈大瓦也、十七遂離及錄哈大瓦而搭營在哈西錄、十八遂離哈西錄而
搭營於勒馬、十九遂離勒馬而搭營在臨門帕烈、二十遂離臨門帕烈而
搭營在立拏。二十一遂離立拏而搭營在勒撒、二十二遂離勒撒而搭營在其
希拉大。二十三遂離其希拉大而搭營在沙百山、二十四遂離沙百山而搭營
在哈喇大。二十五遂離哈喇大而搭營在馬希錄、二十六遂離馬希錄而搭營
在大哈、二十七遂離大哈而搭營在大喇、二十八遂離大喇而搭營在麥迦、二十九遂

離麥迦而搭營在哈摩拏、三十遂離哈摩拏而搭營在摩西録、三十一遂離
摩西録而搭營在庇尼雅干、三十二遂離庇尼雅干而搭營在何喇及
迦得、三十三遂離何喇及迦得而搭營在約巴大、三十四遂離約巴大而搭營
在以破拏、三十五遂離以破拏而搭營在以旬迦別、三十六遂離以旬迦別而
搭營在汛野、正是迦鐵、三十七遂離迦鐵、且搭營在何耳山、三十八且祭司亞
倫遵皇上帝之諭、且上何耳山、在彼崩矣、正是以色列族出麥
西地後四十年、於五月初一日矣、三十九夫亞倫在何耳山崩時、有一
百二十三歲矣、四十夫迦南人、迦南地亞喇得王、聞以色列族來、四十一遂
離何耳山而搭營在薩摩拏、四十二遂離薩摩拏而搭營在部嫩、四十三遂離
部嫩而搭營在阿不、四十四遂離阿不而搭營在摩亞伯之界在耶亞

巴林、四十五遂離耶亞巴林而搭營在底本迦得、四十六遂離底本迦得而搭
營在亞門特拉太音、四十七遂離亞門特拉太音而搭營在尼破前於
亞巴林之山、四十八遂離亞巴林山而搭營沿約耳但河附耶哩哥在
摩亞伯坦、四十九即搭營在約耳但河在摩亞伯之坦自伯耶西末乃
亞伯示亭○五十且皇上帝沿約耳但河附耶哩哥在摩亞伯之坦、
五十一諭摩西云、汝必諭以色列族云、汝渡約耳但河、到迦南地之時、
五十二方必驅地之庶民居汝前、而壞其諸像、形毀凡塑偶、且掃平凡
臺榭也。五十三汝且必取其地而居之、正是我賜汝以其地致據之也。
五十四且汝必掣籤而分地在汝家中為業、其多應給多業、其少應給
少業、各人之業必在掣籤之處也、又汝必接其業按祖宗派之

業矣、○五五但以地之庶民、不驅汝前、則所存者、將刺汝眼、而擾脇旁、
而在居之地、將擾汝、○五六於是我將行與汝、仍所想行與是人也

第三十四章

一節且皇上帝諭摩西云、二汝且諭以色列族曰、到迦南地之時、即其
邦係迦南地、並其境、將歸汝為業矣、○三其南界自汛野、延以東之
界東向、其南界、係鹽海之極邊、○四其界則自南轉上到亞卑勒濱、
延到汛、自南出到迦鐵巴尼亞及哈薩亞伯、至押門、五其界遂週
押門及麥西之河、而至海也、○六其西界正是大海為疆也、此乃其
西界、○七其北界如左、自大洋必指黑門山、八自黑門山必指哈末之
進處、而其界及西提、九其界必至西分至及哈薩以南、此乃汝北

○十界其東界必至晝自哈薩以南至示番●十一其界下延自示番自立
拉正是亞因之東邊其界下延及基尼烈湖之東向●十二其界必下
延約耳但至及鹽湖此必爲汝地僉其周之境也○十三且摩西諭以
色列族云此乃皇上帝所諭賜九宗派僉半宗派之地汝必掣
鬮而接之也○十四流便族宗派按其家宗迦得族宗派按其家宗已
接業而馬拏西半宗派亦已接業○十五其兩宗派僉其半宗派已接
其業在約耳但此邊日起之向耶利哥東向○十六且皇上帝諭摩西
云所將分地給汝其人名如左○十七祭司以利亞薩嫩之子約書亞
○十八等各宗派中必擇君一位以分地之業矣○十九其人之名如左猶大
宗派耶孚尼之子迦利伯○二十西面宗派亞米忽之子示母耳○二十一便雅

民之宗派、其斯倫之子以利撻、○二十二但族宗派之君、係約利之子布
○二十三基、約色弗裔之君、正是馬拏西宗派、以弗之子歎業、○二十四以法蓮族
宗派之君、係十但之子基母耳、○二十五西布倫族宗派之君、係帕結之
子以利沙番、○二十六以薩迦族宗派之君、係押散之子人鐵、○二十七亞沙族宗
派之君、係示羅米之子亞希忽、○二十八納大利族宗派之君、係暗米忽
之子比大黑、○二十九正是此人、皇上帝所諭分業在迦南地、與以色列
族也、

第三十五章

一節且皇上帝沿約耳但河、附耶哩哥、在摩亞伯之坦、諭摩西曰、○二汝
必諭以色列族、將基業而給利未輩致居矣、亦必周以邑之郊

原、給利未輩○三其邑以居也、其郊原爲畜牲用、爲貲物、畜衆牲口、也○四其郊之郭、所必給利未輩週邑之城、周延一百丈●五城外東向、汝必量度二百丈、南向二百丈、北向二百丈、其邑在中間、此係其邑之郭也○六所必賜利未輩之邑中、係躲身之六座邑、此立與悞殺人者、可以逃避矣、尚加邑四十二座●七故所給利未輩之邑、共四十八邑、又給其郭也○八所給之邑、係以色列之業、有多者必給多、有少者必給少、各人按所接之業、必給其邑與利未輩也●九

○且皇上帝諭摩西云●十汝渡約耳但河、到迦南地●十一則必定邑爲汝躲身之邑、致悞殺人之兇手逃彼矣○十二此乃躲身之邑、以避報仇者、致兇手一俟侍在會前受審以前不得死也○十三所給之邑中、

必有六座爲躲身之邑。十四汝必給六座邑於約耳但河此邊、而必給六座邑在迦南地爲躲身之邑也。十五此六座邑係以色列族暨異人並寓汝中客之躲身之處、致各人悞殺人者可逃彼矣。十六倘若以鐵器擊殺之、則係兇手、必須誅也。十七若擲石擊殺之、則係兇手、其兇手必須誅也。十八若木械擊之、可以死矣、而其人死。必須誅兇手也。十九其報血仇者、必自殺其兇手、即遇之時、必戮之也。二十若恨而刺之、或埋伏衝之、致死亡矣。二十一或懷仇以手擊之死矣、擊之者係兇手、必誅也。報血仇者一遇兇手、必戮之也。二十二倘卒然無懷仇而刺之、或非埋伏丟物著之。二十三或不見之而用石致人死、或丟著致死、但不係其仇、並不要害之。二十四則其會按此審例、必定殺者並報血仇之案焉。二十五 乃其公會、必將其悞殺者而援之、脫報血仇之手、而其公會必送之到前所逃躲身之邑、在彼必住、待以聖油所受傅之祭司元魁崩矣。二十六 但其悞殺人者、或出所逃躲身之邑境。二十七 而其報血仇者、遇之在躲身邑境之外、報血仇之人方戮其悞殺人者、則無血辜也。二十八 即其人必待祭司元魁崩、而住在其邑矣、乃祭司元魁之崩後、其悞殺人者、必歸本業之地矣。二十九 夫統歷代遍所居之宅、此必為律例矣。三十 凡殺人者、則據證之口詞而誅兇手也、但證一名、不得對人言以死矣。三十一 宜死兇手之命、毋得抵償、乃一定必誅之也。三十二 祭司之崩前、不得為逃躲身邑之人受抵償、致再來而居地矣。三十三 如此不染所居之地、夫血染地、若不用流

他人之血而淨地亦不得淨焉○三十四此不得染汝所居之地即我所居者葢我乃皇上帝而居在以色列族中也

第三十六章

○一夫馬拏西之孫馬吉之子其列之族之家宗之首領正是屬約色弗之家就近而在摩西在君在以色列族之首領前言曰○二皇上帝諭我主掣籤而將地賜以色列族為業我主亦奉命以我弟西羅非撻之業給其汝矣○三倘若嫁屬以色列他宗派之人則將其業由本祖之業而加之與所接之之宗派如此必取之由本分基業矣○四但以色列族守樂歲之際則必以其業加與所接之宗派之業如此取其業除列祖宗派之業矣○五且摩西遵照皇

上帝之諭飭令以色列族云、屬約色弗子之宗派喜言焉。○六論西
羅非撻之女、皇上帝諭令曰、如意嫁夫可也、但必嫁其祖宗派
之人。○七如此以色列族之業、不得由一宗派移他宗派、乃以色列
族各人、必據祖宗派之業矣。○八凡女在以色列族宗派據業者、必
爲屬本祖宗派定人之妻、如此以色列族各人、可享列祖之業
矣。○九其業不得移、由此宗派而歸他宗派、乃以色列族各宗派必
守本業矣。○十夫西羅非撻之女、遵皇上帝所諭摩西者而行焉。○十一乃
馬拉的、薩何客拉、密迦挪亞等、即西羅非撻之女、娶其叔之子
十二即與約色弗之子馬拏西之家結親、而其業存在本祖家之宗
派也。十三在摩亞伯之坦沿約耳但河附耶哩哥、皇上帝所諭以色

列族以摩西手之法度律例係如右也。

戶口冊紀卷四終

新遺詔聖書

卷一

太平天國癸好三年（一八五三）刻本

太平天国癸好三年新刻

新遺詔聖書

旨准頒行詔書總目

太平條規

頒行詔書

頒行曆書

三字經

幼學詩

太平救世歌

旨准頒行共有十五部

馬太傳福音書卷一

第一章

一節耶穌基督之族譜其乃亞伯拉罕之子與大辟之子夫亞伯拉
罕生以撒以撒生雅哥伯雅哥伯生猶太與其兄弟也猶太由
大馬氏生法哩士及撒拉法哩士生以士雷以士雷生四亞蘭亞
蘭生亞米拏撻亞米拏撻生拏遜拏遜生撒門撒門由拉台氏
生破亞斯破亞斯由路得氏生阿別阿別生耶西耶西生大辟
王大辟王由烏哩亞之妻生瑣羅門瑣羅門生羅破暗羅破暗
生亞庇亞亞庇亞生亞撒亞撒生耶何沙法耶何沙法生約蘭
約蘭傳生九烏西亞烏西亞生約淡約淡生亞哈斯亞哈斯生希

洗家、十希洗家生馬拏西、馬拏西生亞們、亞們生約西亞、十一約西亞
生耶哥尼亞暨其兄弟、此時民遷至巴別倫国也、〇十二遷至巴別倫
後耶哥尼亞生撒拉帖、撒拉帖生鎖曬巴別、十三鎖曬巴別生亞庇
欲、亞庇欲生以利亞金、以利亞金生亞蘂、十四亞蘂生撒督、撒督生
亞金、亞金生以律、十五以律生以利亞薩、以利亞薩生馬但、馬但生
耶哥伯、十六耶哥伯生約色弗、即馬利亞之夫、且馬利亞生耶穌、亦
稱基督者、〇十七故衆代自亞伯拉罕至大辟、乃十四代、又自大辟至
遷巴別倫時、乃十四代、自遷巴別倫迨及基督、亦十四代也〇
十八夫耶穌基督降生之情如左、其母馬利亞既許聘約色弗、未相
接之先、遇之由聖神而蒙被懷孕也、〇十九其夫約色弗既爲義人、不

願玷辱其妻、欲私休之、〇二十正思此間、卻有上主之天使、托夢與之
現曰、大辟之子約色弗爾、妻馬利亞毋懼娶來、因所有懷孕、感
於聖神而生也、〇二十一其必生子、可名稱耶穌、因將其名救脫罪戾、〇二十二諸
事得成、可應驗上主以先知之師所云、〇二十三卻童女將懷孕生子、名
稱以馬伮耳等語、此名譯出、意以上帝與我共在也、〇二十四夫約色弗
睡醒、循上主天使之命而行、卽接其妻、〇二十五惟不相交、待生冢子、乃
稱其名耶穌也〇

第二章

當希羅德王年間、耶穌生在猶太國伯利恆邑、卻有賢人自東
方至耶路撒冷京、〇二云彼生為猶太国人之王者安在、盍吾在東

方曾見其星且來伏拜之也希羅德王聞言駭遽暨耶路撒冷民皆然召諸祭司首人與民中書士等集會問曰基督何處必生僉曰在猶太国伯利恒邑蓋聖人錄載云伯利恒在猶太境內非諸郡之中最小者因爾中將出君以牧以色列我民矣希羅德就暗召賢人細查其星顯之時便差之往伯利恒云爾且往去勤探嬰兒尋着回報致我亦去伏拜之賢人聽王而去忽然東方所見之星前行迨至嬰兒所住而止寓上既見星遂大喜不勝進屋見嬰兒與其母馬利亞就俯伏拜之又開寶匣賚上金乳香沒藥等禮也惟夢中蒙天示勿歸希羅得便由別路回本地而去○賢人去後忽然天使托夢現對約色弗曰起也

十四帶嬰與母奔麥西地居彼待我示爾蓋希羅得欲尋嬰以誅之
約色弗遂起帶嬰與母夜走麥西地十五寓彼待希羅得崩致得效
驗上主以聖人所言云曾召吾子出麥西地矣○十六且希羅得見
賢人戲弄之則大怒差人戮殺在伯利恒并遍郊外諸各嬰兒
自二歲以下按照由賢人所查知之時也○十七于是先知之師耶哩
米亞之語得驗云十八在喇馬可聽聲啼哭哀慘不勝喇結氏哭嬰
因子不在不肯納慰也○十九希羅得崩後郇在麥西地天使托夢
與約色弗云二十起來帶嬰與母往以色列地蓋謀嬰兒之命者其
人已死也○二十一約色弗遂起帶嬰與母到以色列地二十二但聞知亞基老
士接父希羅德位治猶太地者驚懼往彼然夢中奉神默示遂

赴加利利地方來住在邑名稱拏撒勒故先知之師所云其將稱爲拏撒勒人其言應驗矣

第三章

當是日行浸禮師名約翰來在猶太野宣道云天国邇來爾當悔罪矣此人乃先知之師以賽亞所指云在曠野有聲呼曰整王之道應直其徑等語此約翰著駝毛衣腰束皮帶其食蝗蚱與野蜜矣時由耶路撒冷京及猶太全地並遶約耳但河諸方有人就之既認已罪即在約耳但河受其浸禮○約翰見法利西同撒督之徒多來領浸則謂之曰噫毒蛇之類誰示爾逃避將來之怒乎是以結悔罪所宜之善果勿暗想道亞伯拉罕乃

我宗祖、盖我告爾、上帝有能由此石、爲亞伯拉罕發子也。○十今且
斧直樹根、凡樹不結嘉菓者、必砍下投火矣。十一然吾也以水行浸
致爾悔罪、惟後於我而來者、其能太過於我、連其鞋我亦不堪
提也、其將以聖神並以火加爾此禮也。○十二其手執簸箕、將潔其穀
場、收麥入倉、而燒糠以無滅之火矣。○十三維時、耶穌由加利利來
到約耳但至約翰、以領其浸禮。○十四惟約翰阻之曰、吾須受浸於爾、
但爾乃到我來乎。○十五耶穌答曰、今且浸之、盖盡諸義、乃我所當然。
約翰遂容之、十六且耶穌領浸禮後、即便由水上去、卻天與之開、又
見上帝之聖神似鴿降臨耶穌、十七卻自天有聲云、其乃吾愛之子、
吾所悅意者也。○

馬太傳福音書　卷一　第三章　四

第四章

一節、維時聖神引耶穌到野、致魔鬼試之、○二戒食四十日連四十夜、後
覺饑餓也○三方誘惑者就之、曰若爾乃上帝之子、則命斯石化
餅也、○四耶穌答曰、書云人不獨以餅養生、乃以各言所出於上帝
之口也○五魔鬼遂攜耶穌到聖城、立之殿頂、○六曰若爾乃上帝之
子、可自投下、蓋書云、其必爲汝諭飭其天使、以手扶爾、免足碰
石也、○七耶穌曰、書又云、勿試主爾之上帝也○八魔鬼又攜之登
甚高嶽、指看世界萬国暨諸榮華、○九曰爾若俯伏拜我、就將此諸
物賜爾、○十惟耶穌曰、怪魔退去、蓋書云、應拜主爾之上帝、獨服
事之也、○十一時魔鬼離耶穌、忽然天使來供事之也○十二耶穌聞知約

翰已解究、即往加利利地、十三後離拏撒勒、來迦百拏翁、寓在湖濱、西布倫及納大利之境內、十四如是先知之師以賽亞之語得驗云、十五西布倫地暨納大利地、沿海之路、及約耳但河外、併異族之加利利地、十六其民在在黑暗者、觀大光、坐於死陰境地者、自有亮發照之、○十七自此以後、耶穌啟宣云、天国近矣、汝應悔罪○十八當時耶穌遊加利利湖濱、見二兄弟、即西門亦稱彼得羅、及其兄安得烈、乃漁人拋網于海、○十九耶穌曰、來從我、可造汝爲人之漁、○二十二人即棄網隨之也、二十一再往、另見兄弟二名、即西庇太之二子、耶哥伯及弟約翰、兩人陪父西庇太駕舟補網、○二十一惟耶穌召之、○二十二其兩人就離舟、別父而隨之也○二十三夫耶穌遍巡加利利地方、在公學教訓宣天国福音之道併醫民間之雜病諸恙也○二十四其聲名周揚遍敘哩亞地方纔將諸染病抱雜症疼痛之人併懷邪鬼發顛害癱帶至耶穌悉醫之○二十五於是自加利利自十邑郡地又自耶路撒冷京併猶太国又自約耳但河外各地方大衆多來隨耶穌。

第五章

一節耶穌見衆則登山坐時門生就之○二遂開口教之曰○三虛心者有福矣因天国爲其所得也○四憂悶者有福矣因將安慰也○五溫良者有福矣因嗣接地也矣○六饑渴慕義者有福矣因將得飽也慈悲者有福矣因沾慈悲也○八心潔者有福矣因將見上帝也○九勸和者有福矣因必稱之上帝子類也○十爲行義見捕害者有福矣因天国

爲其所得也○十一爾爲吾被人罵詈擾累謊然向爾講諸惡言者有
福矣○十二因在天堂爾賞厚矣可以歡喜踴躍盖先爾聖人受害亦
然〇○十三爾乃世界之鹽但鹽失味何以用鹽乎後無所用乃擲出
外爲人踐踏也○十四爾乃世界之光猶邑建山上無可隱藏者○十五人旣
燃燭無置斗器下乃插臺上光照凡在屋者○十六如是爾光宜照人
前致見爾陰隲者可讚美爾在天之父也〇○十七勿想吾來以廢律
例或聖人者吾非來以廢之乃以成之也○十八吾誠告爾待天地消
化律例之一畫一點稍不可消化乃盡得成矣○十九凡廢斯誡之最
微如是教人者必稱之最微於天国但凡行且教之者必稱之
大於天国也○二十且吾告爾若爾之義不過於書士法利西徒之義

則總不入天国矣二十一〇蓋聞古者有言勿殺人命而凡殺人者必遭審判二十二惟我語爾凡無故怒兄必遭審判而凡罵兄曰小賊必解到議會但凡罵兄曰蠢子者自干厎地獄之火矣二十三是以時將禮物設於壇上在彼牢記兄弟怨爾二十四則留禮物祭壇之前先往求兄復和嗣後設禮可也二十五對頭同爾尙在路上急求相和恐對頭將汝解到按察司又按察司將爾提到司獄致爾投監二十六吾固然告爾待塡末釐清楚爾總不出彼也二十七〇蓋聞古者有言勿姦人妻二十八惟我語爾凡看婦嗜欲之則心底既經行姦也二十九倘右眼累爾也矣則挖出擲去之失體一肢不可渾身墜地獄爾更有益矣三十倘右手累爾陷罪則割斷擲去之失體一肢不可全體落地

獄、爾更有益矣。○三十一 有言凡出其妻、可交休帖。○三十二 惟我語爾、妻無私交而出之者、則使之行姦也、但凡娶所出之妻者、亦行姦焉。○三十三 又聞古者有言、爾勿負誓、乃欽上主發誓而循行也。○三十四 惟我語爾、總勿發誓、勿指天、因天乃上帝座位。○三十五 勿指地、因地乃上帝踏凳、勿指耶路撒冷京、因此乃大王之京師。○三十六 勿誓偕首、因以髮一毫變爲皂白者、爾所不能爲也。○三十七 然爾言、必須是是也、非非也而已、蓋過於此者、由惡而起也。○三十八 ○蓋聞有言、目代目、齒代齒、○三十九 惟我語爾、勿拒惡也、乃人掌右臉、又轉向別臉也。○四十 人與爾爭訟、欲奪爾衣、又容之汝袍也、○四十一 被人催令陪行一里、則同行二里路也。○四十二 乞爾者與之、欲向爾借者、勿推卻之也。○四十三 ○蓋聞有言、友者愛之、敵者怨

四十四 之惟我語爾、敵爾者、愛之、咒爾者、祝之、怨爾者、施恩之也、妄行
累害爾者、代之祈求也、〇四十五 如是可爲在天父之子類。蓋天父令其
太陽照善惡者、倂降雨下義並不義之人也、〇四十六 倘愛爾者只曾愛
之有何賞耶、稅吏等豈非行如是哉、〇四十七 只慶賀兄弟者而已、有何
出衆行耶、稅吏等豈非如是行乎、〇四十八 故爾德必全備、如在天之父
有德全焉。〇

第六章

一節 耶穌又曰、汝當謹愼、毋在人前施濟、致人見焉、若然、不獲在天
父之賞也、〇二 故施濟、勿噴號筒在爾面前、如僞善者在公學街市
所行、以取人之譽、吾誠告爾、其已得本賞矣。惟爾施濟、右手所

四爲左手毋覺致爾賙濟可爲隱也而汝天父見諸隱者必顯然報爾也〇五當祈禱之際勿效僞善者立公學之中街市之隅而悅祈禱致被人見也吾果然告爾其已受本賞矣六惟爾祈禱可入密房閉門畢稟求天父在隱微者則爾父見諸隱微必顯明報爾也七又祈禱之時勿用反覆之言如異族類也乃意想爲其多言可得允准也八勿效其爲蓋未祈之先天父預知有需何物也九故祈禱應如是云吾父在天爾名成聖十天国臨至聖旨得成在地如在天焉十一吾日用糧今日賜余十二求免吾債如吾免人負債我也十三勿引我至誘惑乃援我等出凶惡蓋国者權者榮者皆歸天父至世世焉心正所願也十四夫爾赦人罪即天父亦將赦爾也十五

惟爾不赦人罪、爾父亦不赦爾罪焉○十六且持齋之時、勿蹙額如
僞善者、蓋彼變貌、致人見守齋、吾誠告爾、其已受本賞矣○十七惟爾
守齋膏首洗面、十八則人不見爾守齋、乃天父在隱微者、顧之則天
父見諸隱微者、將顯明報爾也○十九勿為已用積財帛在地、彼蠹
蝕銹壞之所、盜賊鑿搶之處、二十乃積財帛於天、無蠹無銹蝕壞無
盜無賊鑿搶、二十一蓋財帛所在、心亦在焉、二十二身之光者目也、目樸實則
渾身滿光、二十三目惡則渾身滿暗、故爾自內之亮若暗、則其暗莫大
乎○二十四一人服事二主者、未之有也、蓋或怨彼愛此、或謹此輕彼
也、服事上帝兼財帛、二者爾所不能也○二十五是故余言爾勿慮生
命、何可飲食、勿思身體、何可衣穿、生命豈非貴於糧、身體豈非

貴於衣乎○二十六且觀天空之鳥無稼穡收倉尚且天父養之爾豈非
卓越鳥乎○二十七爾中誰能以掛慮長身一尺乎○二十八又何掛慮衣裳耶只
觀田之百合花如何得生長花不勞不紡●二十九惟我語爾昔瑣羅門
太榮華之際未有修飾如此花也○三十又埔上之草今日有而明日
投爐尚且被上帝修飾如此何况爾等少信之類乎○三十一是故勿慮
云何飲何食何穿○三十二葢此等諸物異族類所圖葢天父知爾需用
此諸物○三十三但先求神国及其公義便此諸物將加諸爾○三十四故勿慮為
明日然明日亦慮其事也一旦之勞足於一旦也○

第七章

○一節耶穌又曰爾勿審斷又爾不見審斷○二葢依爾審斷爾亦見審斷

又依爾量度人、爾必見量度焉、○三豈見兄眼內有片木、尚已眼內有棟梁、卻爾不看見之乎、○四怎敢語兄容拔眼內片木、卻爾本眼內有棟梁、○五僞善者乎、先拔本眼之棟梁、後可明見拔兄眼之片木矣。○六勿以聖物投狗、勿以珍珠丟諸豬、恐踏之腳下、反身折爾也。○七求則給爾、尋則遇之、扣門則開也、○八蓋凡求者得也、尋者遇也、扣門者得開也、○九爾中誰人若子求餅、豈有給石乎、○十若求魚豈有給蛇乎、○十一然爾為惡徒、亦知以好物給爾子、何況在天之父、將以善物予所求之者也。○十二凡欲人施乎已、亦如是施乎人、斯乃律例及聖賢書之簡略也。○十三宜進小門、蓋引沉淪之處、其門乃廣、其路乃濶、由此進者多也、○十四惟引常生之所、其門乃小、其路

乃、窄遇之者少也。○十五謹防僞師、外衣似羊、內係猛狼、而到來爾
也。○十六由其結菓可識之、莿叢之中、豈能摘葡萄菓乎、荊棘之上、豈
能得無、花菓乎。○十七故各善樹亦結善菓、惡樹亦結惡菓、○十八然善樹必
無結惡菓、惡樹亦無結善菓。○十九但凡樹木、不結好菓者、必砍下投
火、○二十故以其結菓可認之也。○二十一非各人稱我云、吾主吾主者、乃遵
在天父旨意者、可入天国也。○二十二當是之日、多人將稱我云、吾主吾
、主豈非以尊名預言、以尊名逐鬼、又以尊名多行靈蹟乎。○二十三時吾
必報之、噫行惡之類乎。從未認爾、離我而去矣。○二十四凡聽此吾言、
循行之者、比之智人建屋磐上、○二十五遇霈雨下、河流、風吹、而撞其屋、
並不頃、因基在磐上也。○二十六但凡聞吾言而不循行者、比之愚人建

屋沙上、二十七遇霈雨下、河流、風吹、而撞其屋、遂傾倒、大哉其頽也〇二十八遇耶穌言此詞畢、衆奇其道、二十九蓋其教訓之若有權者、非如書士也〇

第八章

一節耶穌下山、大衆多人隨之、二忽有染痲瘋之人、伏拜之曰、主若肯爲之、則能淨潔我矣、三耶穌就伸手撫之曰、吾願爾得淨也、又痲瘋隨卽淨矣、四耶穌諭之曰、汝愼勿告人知、可往見祭司、設祭禮爲憑、依摩西之命也〇五耶穌方入迦百拏翁、有守備就之禀曰、六吾主、本僕臥家、癱病甚苦、七耶穌曰、吾將來醫之、八守備答曰、請主出一命、本僕卽愈、惟主臨茅舍、吾不堪當、九夫吾爲人屬權下、又

有兵丁爲我所管、諭此去、卽去、招彼來、卽來、飭本僕行此、卽行
之。十焉耶穌聽言、則奇之、語隨之者曰、吾誠告爾、就是以色列民
中、吾並未見此等大信德也。十一吾又語爾、自東自西多人將來陪
亞伯拉罕、以撒及耶哥伯、同席於天之國、十二惟將逐國人於極暗
處、彼有啼哭切齒也。十三耶穌遂謂守備曰、且去、正依爾信可得成
也。其時其僕痊矣○十四耶穌既入彼得羅之家、見其岳母臥染瘧
病、十五卽撫其手、瘧病就止、其婦遂起服事之也○十六及晚其人帶犯
邪鬼者多來、而耶穌以言逐諸鬼、又醫諸有病者、十七致應驗先知
之師以賽亞之言云、彼受本恙、並抱我病矣○十八耶穌見衆密周、
便申飭渡過他濱○十九方有書士來、謂之曰、師徃遍處、我則隨也。

耶穌曰、狐狸藏窩、天鳥集巢、而人之子無安歇首之所矣○二十一○另
有門生謂之曰、請准容我先去葬父親、○二十二耶穌謂之曰、任夫死人、
葬其死人、惟爾從我可也○二十三○維時耶穌登船、門人隨之○二十四忽然在
湖狂風大作、致浪波覆船、惟耶穌睡也○二十五門生來醒之、曰、主也救
我亡矣○二十六耶穌曰、噫少信者乎、因何懼怕耶○遂起責風海、就盡安
靜○二十七其人吃驚曰、斯何人耶、連風兼海亦遵之也○二十八○既過湖到革
伽撒地、正遇二人犯邪鬼、由塚地出來、甚為凶猛、並無人由該
路能過也○二十九忽呼曰、上帝之子耶穌、吾與爾何干、未屆期之前、豈
來磨難我乎○三十夫遠離有大羣猪喂草、○三十一方鬼求耶穌曰、若逐我出、
容我入羣猪○三十二曰、去、鬼遂出而入羣猪、卻羣猪一齊闖坡入海溺

水死、○三十三牧猪者走往城、將諸事及犯鬼之情悉報也、○三十四郤邑民齊出、
逢接耶穌、一見請之出其境也。

第九章

一節夫耶穌搭船渡來本邑○二郤有帶來癱瘋之人臥床、耶穌見其
信德語癱瘋者曰、我子安心、爾罪見赦矣○三郤有數書士暗想道、
此人褻瀆耳○四惟耶穌見其心念曰、心中思惡怎何○五言罪見赦抑
諭起而行何易乎○六但爾可知人之子在世有能赦罪、就語癱瘋
者曰、起來挑起鋪蓋歸家也○七遂起歸家矣○八衆見則奇、頌讚上帝、
為賜人是權矣○九耶穌經過、遂見一人名馬太、坐於稅關、則諭之
曰、從我、遂起而從之○十當耶穌在家坐席、郤稅吏罪犯等多來與

耶穌及門人、同席焉○十一法利西徒、見此語門人曰、爾師、陪稅吏並
罪犯等同食、如何○十二耶穌聽之曰、康健之人、不需醫生、乃有病者、
需之焉○十三汝往而學何義、我願哀矜、並無祭祀、蓋吾來非招義人、
乃邀罪人悔罪焉○十四〇夫約翰之門生、就耶穌曰、吾等與法利西
徒、屢次守齋、惟爾門人不齋戒、如何○十五耶穌曰、新郎同在洞房之
子、豈得憂悶乎、但將來之日、取新郎別之去、則可齋戒也○十六如補
舊衣、無人用新布、蓋所補之塊、爛衣致裂尤廣矣○十七又貯新酒、無
人用舊皮囊、恐囊破酒漏、囊壞、惟貯新酒、必用新囊○則兩者共
存矣○十八〇正說之間、卻有官憲來、伏拜耶穌曰、小女既死、但請來
以手按之、便可活矣○十九耶穌起、共門人隨之○二十〇卻有一婦、血漏十

二年就至背後摸其衣邊二十一心內道只摸其衣則可救痊矣○二十二耶穌轉顧曰女兒安心爾有信德故得救矣○自是時此婦救痊也○二十三夫耶穌至憲家看吹簫者兼稠衆讙譁就語之曰二十四且退童女未死乃是睡耳其人哂之二十五逐衆後耶穌入內執女之手其女復甦○二十六也其聲名遂揚該地四方矣○二十七且耶穌離彼二瞽人隨之呼曰大辟之子矜憐我矣○二十八既入屋內瞽者就之耶穌曰吾能行此爾等信乎曰吾主我信○二十九耶穌遂摸其目曰照爾有信可得成也○三十其目遂開惟耶穌戒之曰勿報人知三十一但其人出去遍揚其名於該地方也○三十二○正出之間卻有啞口犯邪鬼者為人帶來三十三既逐鬼出啞口遂言衆俱驚駭曰以色列地總未之見此○三十四惟法利西徒者

曰其所逐邪鬼莫非以邪鬼王之力也○三五夫耶穌週巡諸邑各
鄉在公學教訓宣天国福音之理醫民中諸病各恙也○三六既見衆
庶卽憐憫之因困乏流蕩如無牧之羊也○三七遂謂門生曰其穡實
盛惟工人寡也○三八故當求庄主差發農夫赴其穡處也

第十章

耶穌召十二門生賜之有權管污鬼致逐之兼醫諸病各症矣○
二夫十二聖差之名列於左首先西門亦稱彼得羅並其兄安得
三烈又西庇太之子耶哥伯及其弟約翰又非立及巴多羅買○四併
多馬與稅吏馬太及亞勒非之子耶哥伯及利未亦稱達太又
迦南之人西門及賣師之徒猶大士爲迦掠邑之人也○五耶穌

差此十二人戒之曰異邦之路上爾勿行撒瑪哩亞邑爾勿進
寧可往見失牧之羊卽以色列家人也○七且去宣云天國臨至矣○
○八病者醫之痳者淨之死者甦之鬼者逐之爾白受之亦白賜之
○九焉金銀銅錢勿藏紳袋不須行李莫需重衣與鞋杖等物○十因工
人本當得日糧也○十一凡入鄉邑必探其內誰乃賢人彼可居住待
○十二出其邑時入其家則祝賀之家人若賢爾之祝福可臨其門家
人不賢爾之祝福必反乎爾也○十四有不接爾不聽爾言者旣出其
家邑則拂腳下之塵○十五吾誠告爾在萬人公判之日瑣頓及珂摩
拉二邑比該邑之情形將尤寬貸也○十六吾卻差爾似羊入狼中是
故必爲巧捷似蛇丹心似鴿也○十七謹愼世人因世人將解爾憲會

徬爾公學之中、○十八又將送爾到王憲、因我立憑據示之、併異族類焉、○十九當解究之時、勿慮怎何可言、蓋于屆期、必將賜爾所講之語、二十非爾已言、乃天父之神爾內所言者、○二十一且兄弟將互相賣送正法、父子亦然、併子見逆弒父母、○二十二又爲我名、衆將怨爾也、然恒耐及終者可保全也、○二十三倘於此邑見迫、則逃他邑、吾誠告爾、以色列諸邑不得周流、待人之子臨至矣、○二十四門生不超於師、僕婢莫越於主、○二十五爲門生爲如師、僕婢爲如主、則足矣、倘若稱家主爲鬼王、况家人乎、○二十六故勿懼之、蓋無隱微、並不顯明、又無秘密、並不露出者也。二十七吾在暗地所語爾、必在光地述之、附耳細聽者、必在屋頂必宣明也、○二十八其能殺身、而不能殺魂者、不須懼之、然能壞身連魂在地

獄者寧須畏之也○二十九雀鳥二隻豈非一分銀而賣乎但其中一隻
若非爾上父之意不隕地也○三十連爾首髮皆見算矣○三十一是故勿懼爾
超於雀鳥多也○三十二但凡世人之前認我即在天我父之前吾亦認
之○三十三但凡世人之前不認我即在天我父之前吾亦不認之也○三十四莫
想我臨在地使太平也我來非立太平乃使刀也○三十五蓋我至令子
違父女逆母媳背姑焉○三十六又人之仇爲其家人也○三十七有愛父母過於
我者我不堪取也有愛子女過於我者我不堪取也○三十八又不肯負
十字架隨我者我亦不堪取也○三十九著其生命者必喪失之也但爲
我捐軀者必著之也○四十接爾者猶接我也又接我者接所遣我者
也○四十一有接聖賢因聖賢之名者必得聖賢之報也又接義人因有

義人之名必得義人之賞也〇四十二此小子之一因門生之名若惟以一杯冷水給飲者吾誠告爾不必失其賞也

第十一章

一節耶穌遇有命十二門人畢遂離彼週巡諸邑教訓傳道焉〇二且約翰在監裡聞知基督所行之事則遣二徒三問耶穌曰其當來者是爾乎抑宜望他人乎〇四耶穌答曰往告約翰所見聞之情〇五瞽者得見蹶者得行痲者得淨聾者得聽死者得甦貧者得聞福音之道〇六但凡爲我不見怪者福祉矣〇七二徒既往耶穌始對衆論及約翰云爾等出野欲看何耶豈看葦被風動乎〇爾出野欲看何耶豈看人衣輕褒乎御衣輕裘者侍於王殿矣〇九然爾出野

欲看何耶、聖人乎、吾又告爾、超於聖人也、○十蓋經所云、吾遣本差
爾面前、爾前修備本路者、正指斯人也、○十一吾誠告爾、婦女所生卓
越行浸禮師約翰者、未之有也、但在天国之至賤者、亦大於他
也、○十二自約翰行浸禮之日、至今天国為人強使、又強人強奪之、○十三諸
聖賢者、兼律例、迄於約翰預言、○十四又爾若願承其言、所該來之以
利亞者、正乃斯人也、○十五有耳聞者、宜聽也、○十六此世之人、以何較耶、可
比之孩兒、坐於街市、招伴侶曰、吾已吹簫、爾又不跳、吾唱悲曲
爾又不哭、○十八蓋約翰來、不飲非食、則人謂係犯鬼者、○十九惟人之子來
飲食、人則曰、且看貪食飲酒、並稅吏惡徒之友也、然智之子立
習者之義也、○二十且有城邑內行神蹟之至多、卻不悔改也、因而

耶穌起責之曰、○二十一嗟乎砢喇汎、嗟乎伯賽大、蓋在爾中所經行之神蹟、若古時在于土羅及西頓、有行之者、則彼兩邑早已悔罪、併衣麻坐塗炭也、○二十二然我語爾、在萬人公判之日、土羅及西頓之咎、比爾之咎尤寬貸焉、○二十三又曰、嗟乎迦百拏翁、爾昇及天堂、將墜下地獄、蓋在爾中所經行之神蹟、若古時在瑣頓、有行之者、則彼邑今日尚存也、○二十四然我語爾、在公判之日、瑣頓地之咎、比爾之咎尤寬貸也、○二十五當時耶穌對曰、讚譽神父天地大主、因是情隱於自賢機巧之人、反顯明之與赤子矣、○二十六是也、尊父因父之聖旨、正如是也、○二十七吾父以萬物交我、然神父之外、無人識神子、又除神子及神子所欲啟示者之外、無人識神父也、○二十八凡苦勞負重者俱

來就我吾即賜安也〇二十九吾乃溫良心情謙遜故受我軛由我而學
則爾心可得安〇三十本軛乃易所委負物乃輕也〇

第十二章

一節維時安息日耶穌遊禾田門生既饑則起摘穗而食之〇二法利西
之徒見此語耶穌曰正安息日門生所行非在安息日宜行之
〇三也曰爾豈不讀昔者大辟與陪行者饑時所爲之事乎〇四即是入
上帝之殿堂而食其臺上之餅此餅非他所宜食又非從人可
食獨祭司宜食之也〇五論律法祭司在上帝之殿犯侮安息之日
又無辜爾亦未讀乎〇六惟我語爾在此有人比殿堂尤大也〇七經云
余要憐憫並無祭祀若知此者則不責無辜者〇八蓋人之子亦乃

安息日之主矣○耶穌離彼適入公學內卻有人其手衰、因欲藉故告耶穌、問之曰安息日醫病宜否、曰爾中何人有羊一隻如於安息日陷坑豈不挈舉之乎、況人比羊豈不越好多乎、故在安息日行善者所宜也、遂語其人曰伸手、即伸之、就得痊如他手焉、惟法利西人出去設謀爲耶穌、如何壞之○耶穌知此則離彼、又衆庶隨之、而其醫諸人、惟耶穌戒之勿表明之也、如是聖人以賽亞之言徵驗云、視我特選之臣、觀我所愛之人、我心所喜悅者、吾以聖神將賦之、將其審事報異族類也、吾臣不爭、不嚷、不聽聲衙上、已折損之葦、其不斷之、尚殘之燈心其不滅之、待其令審事勝焉、是人之名爲異族類所靠矣○遂有帶來犯邪鬼之人、又聾、又啞、且耶穌醫之、使聾者、啞者、能見能言。〇二三衆皆驚曰、此人莫非大闢之裔乎、〇二四惟法利西之徒、聽言曰、彼逐邪鬼、獨恃巴勒洗布、卽邪鬼王也、〇二五耶穌自覺其念、謂之曰、凡国互相分爭、將致荒蕪、又凡邑家互相分爭、不得安穩、〇二六若魔逐魔則互相鬭、其国何立哉、〇二七我若以邪鬼王逐邪鬼、則爾子以何逐之乎、故其人將定爾罪、然〇二八我若以上帝之神逐邪鬼、則神之国已臨爾焉、〇二九誰敢入勇士之府、搶其家物、但先縛勇士、後刼其府、可也、〇三十非合我者、逆我也、非與我歛者、散也、〇三一是故吾言汝凡咎過褻瀆、可免其罪與人也、但褻瀆聖神者、必不赦與人也、〇三二凡謗人子者、可寬恕也、但瀆聖神者、與之必不免咎戾、今世來生、並不與之赦也○三十三或以樹爲好、其菓亦好、或以樹爲惡、其菓亦惡、即以所結之菓可認樹也、○三十四噫毒蛇之類乎、爾本爲惡、豈能言善乎、因心所充滿口隨言也○三十五善人由其心積善做出善事、惡人由其心積惡亦出惡事、○三十六矣吾告爾知、凡人所述惡言、當公判之日、必問之也○三十七蓋依爾所言汝爲義、又依爾所講汝坐罪矣○三十八遂數書士、及法利西人等謂耶穌曰、願看先生行神蹟○三十九曰姦惡之世求神蹟、惟除非聖人約拏之神蹟、未可給之看也○四十如約拏三日三夜在鯨魚腹內、如是人之子、必三日三夜、在地之腹矣○四十一又尼尼瓦人當公判日、必立起陪此代之人、且罪之緣一聽約拏之教、尼尼瓦人即悔罪、然人大於約拏者在此也○四十二南方之后當公判日、

必將立起並此代人、而罪之、蓋王后自地極而來聽瑣羅門之
智情、然而超於瑣羅門者在此也○四十三汚鬼離人、則遊荒野處、尋
安、不得、四十四遂曰不如轉回所出之室、既至、遇室空閒、掃淸修飾矣。
遂往另招七鬼比己越惡者、共入住焉。四十五而彼人之後情、比其先
情、又更不好也、此惡世代正如是也。○四十六正言衆間、卻耶穌之母
兼其弟兄、佇外欲相談焉、四十七或謂之曰、慈母及兄弟佇外欲相敘
焉。四十八耶穌對報之人曰、吾母誰耶、兄弟誰耶、四十九遂伸手指門人曰、視
我母、暨我兄弟、五十因凡循在天之父聖旨者、乃吾兄弟、吾姊妹、及
吾母親矣。○

第十三章

當日耶穌離家、坐於湖濱、二稠衆會就、耶穌登船而坐、惟衆悉立岸焉。○三且耶穌以比喻多語、曰、卻有播種者、出以播種、○四正播之間、有種落路旁者、便鳥來盡食之矣、○五有種落石地、彼無多壤、因無深泥、而即萌也、六日起而曝之也、因無根無柢、苗即槁也、○七有種落荆棘中、而荆棘同發、蔓壓苗焉、○八有種落好壤、而結實焉、或百倍、或六十倍、或三十倍焉、○九即有耳聞者、宜聽也。○十且門生就耶穌問曰、緣何以比喻語之耶、○十一荅曰、蓋天国之秘密、賜爾可識、惟不賜其識之人、○十二有者、可加與之、則有餘盛、乃人未有者、就其所有、必然奪去焉、○十三是故以比喻告之、因其看不見、聽不聞、併不會也、十四正驗以賽亞之預言云、其聽者聞而不聰、其觀者看而不見、十五斯

民之心茅塞、其耳難聽、其眼矇昧、恐目看耳聽、心明、致悔改、又
我醫之、○十六然爾者因眼見耳聽、益有福矣、○十七吾誠告爾、有多聖義者、
甚願看爾所看者、而不得見也、欲聞爾所聞者、而不得聞之也、
○十八且播種之比喻、可聽也、○十九其種落路傍者、比各人聽天国之道、
而不通曉、然其惡者至、以心內所種者搶去也、○二十且種落石地者、
比人聽道、遂即悅然承之、○二十一但自內無根、只存暫時、後因其道遭
難受害、隨即見怪也、○二十二又種落荊棘中者、比人聽道、但此世之掛
慮、財帛之迷惑、蔓塞其道、故無結菓矣、○二十三然種落好壤者、比人聽
道、亦曉之、遂結實、又出或百倍、或六十倍、或三十倍也、○二十四耶穌
另設比喻曰、天国之比、正似某人、以好種播其田者、方人睡時、

仇、至麥中撒稗、而去、二十六其好苗發結實、又稗乃顯明、○二十七維時庄家之

僕、來語之曰、尊駕豈非以好種播田、由何有稗乎、二十八曰、敵行是僕

曰、至願吾往歛之、○二十九曰、免也、恐歛其稗、亦同拔麥、三十但容兩同生迨

及穫時、當穡之際、吾諭刈夫、先歛其稗、細束化火、但麥收入本

倉也○三十一耶穌另設比喻、謂之曰、天国之比、像似芥子、人所將而

種於田焉○三十二芥子爲萬種至微、但生起來、長於諸菜、成如樹木、部

天空之鳥、來棲其枝也○三十三耶穌再言比喻、曰、天国之比、正像酵

子、爲婦所拏、雜三斗麪中、待均發酵焉○三十四耶穌言此諸情、以比

喻誨衆、靡有比方、則不言之矣○三十五致驗聖人之語云、我以比喻將

開口、述陳自開闢以來所秘藏者也○三十六耶穌撤衆進家、時門生

就之曰、田稗之比喻、請解我、○三十七耶穌答曰、播好種者人之子也、○三十八田
者世間也、好種者天国之民也、稗者惡魁之人也、三十九敵撒稗者、魔
鬼也、穡時者世界之窮也、刈禾者天使也、○四十正像斂稗綑束化火
此世界窮時一然、○四十一人子必差其天使、撮出国中各犯行、命行惡
、四十二者投入火爐、彼有哀哭切齒焉、○四十三當時義人將燿煜如太陽在天
父之国也、凡有耳聞者必聽也○四十四再者天国相做寶物、藏於田
、中人既遇之則匿之、心喜往去、盡賣凡所有者、遂買其田焉○
四十五天国又像商賈尋寶珍珠、四十六既遇一珠價最高者、將凡所有者、盡
賣之以買其珠也○四十七又天国之比、如罟網拋入諸海、捕各項魚、
四十八既滿拖上岸來、人遂坐下、擇其美者入籠、其歹者擲去也○四十九夫世

末一般天使將出分惡出義中（五十）投惡諸火爐彼有哀哭切齒矣。
〇（五十一）耶穌曰通斯諸情乎曰吾主然也（五十二）曰故凡書士博學天国之
道者如家主由其庫中取出新舊物焉〇（五十三）耶穌言此喻畢則往
（五十四）去矣既來本邑遂在公學教訓致人驚異曰斯智斯能焉及此
（五十五）人乎豈非木匠之子（五十六）乎其母莫非稱馬利亞及其兄弟耶哥伯
（五十七）約西西門併猶太乎其姊妹豈非偕我乎此人何得斯諸情耶
（五十八）遂怪之耶穌曰聖人惟在本国本家非爲貴也然因其不信故
在彼不行多神蹟也〇

第十四章

（一節）當時希羅得公聞耶穌之風（二）則語其臣曰此乃行浸禮師約翰

死而復活、故行靈蹟焉〇三夫希羅得擒約翰絏而囚之、爲其兄
非立之妻希羅底亞之事、四因約翰曾諫公曰、公有之非宜也、〇五公
遂欲殺約翰、惟懼百姓、因衆視約翰如聖人也、〇六適希羅得生誕、
希羅底亞之女中間跳舞、七希羅得喜之、誓許不論所求必賜也、〇
八女先奉母囑曰、以請浸禮師約翰之首盤上賜我也、〇九王憂、惟因
發誓、又因同席者、乃命賜之、〇十遂差役斬約翰在獄、十一置首盤上賜
女、又女交母焉、〇十二門人遂就提屍而葬之、前來以斯情報耶穌矣、〇
十三〇耶穌聞知、離彼下船、而往野處、私在大衆聽此、即出諸邑步
〇十四從耶穌、出來看有羣衆、則憐之、醫其疾病、〇十五臨暮門人就之曰、
此乃荒地、時又將晚、請散衆往鄉、自買食物也、〇十六耶穌曰、不須往

去爾供之食可也、○十七曰在此獨有五餅兩魚、○十八曰帶之來此也、○十九遂命
衆偃草、取五餅兩魚、仰天祝謝、擘之給餅門人、又門人轉交衆
○二十民衆食飽、收拾零碎剩物、充十二筐矣、○二十一夫食者除婦幼之外約
五千人矣○○二十二耶穌即催門人登船、先渡、待自撤衆、○二十三撤衆後、耶穌
獨自登山祈禱、晚時已獨在彼、○二十四適船湖中、風逆浪漸、○二十五夜四更時
耶穌即往就之、行於湖面、○二十六門生見之行遊湖面、驚駭曰、莫非妖
氣、就惶怖呼喊、○二十七耶穌即曰、係吾也、安心勿驚、○二十八彼得羅答曰、如乃
吾主、令我行水面就爾也、○二十九曰來也、彼得羅離船、行水、欲赴耶穌、○
○三十見風暴、則驚始沉、喊曰、吾主救我、○三十一耶穌隨伸手援之曰、噫少信
之人、因何疑乎、○三十二兩人上船、風息、○三十三船人來伏拜曰、爾誠上帝之子

也〇三四過湖、抵其尼措烈地〇三五其土人識之遂差報該四方帶諸病
〇三六人切求耶穌只摸衣邊但凡摸之者即得醫痊也〇

第十五章

節〇一維時有耶路撒冷書士法利西徒就耶穌曰〇二汝門生食餅之時
不濯手犯古者之遺法〇三怎何答曰因何爾等以汝古傳倒犯上
帝之律例乎〇四蓋上帝命云孝順父母咒父母者必致死罪也〇五惟
〇六爾云凡對父母說此乃祭物由我何可須用則斷非恭敬父母
矣如是因古傳爾廢上帝之法矣〇七僞善之徒乎善哉以賽亞昔
指爾預先云〇八此民口稱唇讚就我惟其心懷離我遠焉〇九其傳之
教法惟人所設而徒然尊敬我矣〇十且耶穌招衆曰宜聽且明也

十一所入口者、不汚人也、乃出口者、此汚人、十二時門生就之曰、法利西
徒聽言見怪、師不知乎、十三答曰、凡樹非天父所栽者、必得除根也、
十四不管他也、其乃瞽引瞽者、且瞽引瞽者、兩者陷溝洫也、十五彼得羅
曰解我其比喩、十六耶穌曰、爾亦最昧乎、十七豈不知凡入口者、通於肚
腹、遂出恭、十八但出口者、由心而起、此浼人也、十九心中發出惡念、兇殺、
姦淫、苟合、偷掠、誣證、妄稱、悉汚人也、二十但手不洗而食、斯無穢人
也、二十一〇耶穌離彼、往土羅及西頓等地方、二十二卻有迦南婦、出其境來、
對耶穌呼曰、主乎、大闢之子、顧憐我矣、吾女犯鬼甚苦、二十三惟耶穌
一句不對、門生就求曰、此婦隨我呼喊、可放也、二十四答曰、吾特奉差、
顧以色列家之失羊而已、二十五婦來拜之曰、我主祐我、二十六曰、將子女之

餅擲之與狗者、非所美也○二十七婦曰主言是也、但主之桌下落碎之物、狗亦食之○二十八耶穌遂應、道婦大有信德、可得如意、自此時女亦痊也○二十九方耶穌離彼、近加利利湖、登山坐下、○三十且大衆多人就之、帶同跛者、瞽者、啞者、殘疾者、另有多人、俱置足下、耶穌遂醫之○三十一則啞能言、殘得痊、跛能行、瞽能見、衆庶見之驚訝、稱讚以色列民之上帝也○三十二耶穌招門生曰、吾憐衆人、三日偕我、無有所食、肚饑撤歸、吾所不願、恐路上失氣矣○三十三門生曰、在此野地、怎得其餅足以飽衆多、○三十四耶穌問曰、有多少餅、曰七餅、另些魚子、○三十五耶穌命衆偃地、○三十六取七餅兼魚、謝畢、賜門生、門生給衆、○三十七衆食得飽、收拾剩零碎滿七籃矣、○三十八夫其食者、除婦幼外、共四千人矣○三十九旣撤衆歸

耶穌上船而抵抹大拉之郊矣○

第十六章

一節 且法利西徒並撒督之徒、就來試惑耶穌、請示之以兆祥由天也○二 耶穌答曰暮時紫色爾云必有晴天、○三 朝天有霞黲爾云今日必有狂風嗟偽善者乎天面汝能辨別惟時瑞不能識矣○四 姦惡世代求看兆祥惟除聖人約拏之兆另無神蹟可給之看遂別之往焉○五 門生渡來不記帶餅、○六 耶穌謂之曰慎戒法利西並撒督徒類之酵也○七 門人相論曰此因我未帶餅○八 耶穌會意曰噫少信之類乎緣何相論因未帶餅耶○九 爾未通曉記得五餅分與五千人後拾幾多筐乎、七餅分與四千人後拾幾多籃乎、○十 如何不

明吾戒法利西撒督徒類之酵者非論餅也[○十二]門人方會意耶穌
所戒非論餅酵乃論法利西岀撒督門之教也○[十三]耶穌至非立
皇城之郊則問門人曰人謂人之子誰乎[○十四]曰有人說行洗禮師
約翰有人說以利亞有人說耶哩米亞或聖賢之一也[○十五]耶穌曰
爾等說我誰乎[○十六]西門彼得羅曰爾乃基督永生上帝之子也[○十七]耶
穌答曰約拏之子西門有福也蓋非由人類也以此事示汝乃
吾父在天者示之也[○十八]我又言汝爾即乃磐又吾建公會正此磐
上而地獄門之權不得勝之也[○十九]吾亦賜爾天国之鑰凡地上所
鎖者在天亦鎖焉又爾地上所開者在天亦開焉[○二十]耶穌遂禁門
人曰切勿報人知我乃耶穌即基督者○[二十一]自此以後耶穌始起

門生云我必赴耶路撒冷、由長老祭主書士等之受多苦害見
殺、然第三日復活也。二十二故彼得羅執手起諫曰、主切不可此事不
成、爲幸二十三耶穌轉身謂彼得羅曰、惡敵退去、爾正礙我、蓋爾所顧
者非上帝之情、乃世人之情也。○二十四且耶穌語門人曰、凡欲從我
必然克己、卽提其十字架而從我也。二十五欲保全生命者、必泯沒之
但爲我捐命者、必著之也。二十六卽獲天下而靈䰟沉淪者、人有何益
哉、又以何價可贖其靈䰟乎。二十七夫人子必來、帶其天使、乘天父之
榮而報與各人、依其本行也。二十八吾誠告爾、有人佇在此、必不見死
待看人子來於其国也。○

第十七章

第一節

六日之後、耶穌引彼得羅、耶哥伯、及弟約翰、私登高山、○二當門人
之前、耶穌變化、其容耀煜、如太陽、其衣爲皓如光焉、○三卻摩西以
利亞等出現、與之相論也、○四彼得羅謂耶穌曰、主也、吾等在此爲
幸、如悅在此、我搭三廬、爲爾一間、爲摩西一間、爲以利亞一間
也、○五正說之間、卻有輝雲掩蔽之、由雲中出聲云、此我愛子、吾所
悅意者、宜聽之也、○六門人聽之、俯伏、倘又惶怖也、○七惟耶穌就來撫
之曰、起來、勿懼也、○八門生仰目、只見耶穌、並無他人、○九正下山時、耶
穌命門人曰、此天啟之情、勿報人知、待人子死後復生也、○十門
人問曰、書士言云、以利亞必先至、如何、○十一耶穌答曰、以利亞先至、
以復興諸事、○十二但我語爾、以利亞既至、人又不認之、乃任意待之

矣、如是人子亦將被此人受害焉、十三門人方知耶穌所言者指行浸禮師約翰也○十四時至衆所在、有人就耶穌、跪曰、十五主憐小兒、其顚狂甚苦、屢跌諸火、屢跌諸水、十六又帶之到門人、惟其不能醫之、十七耶穌答曰、吁嗟、無信背逆之流、吾偕住耐爾幾久、且帶小子來此也、十八耶穌斥邪鬼、遂出孩子、自此時愈矣、十九門人方就耶穌、私問曰、吾逐邪鬼不得、何耶、二十耶穌謂之曰、因爾不信也、吾誠告爾、若有信德、似芥種之微、可命斯山、由此移彼山、即必移矣、又爾無所不能也、二十一然非守齋祈禱、此等不得逐出也○二十二方居加利利之時、耶穌語門生曰、人子必見賣付與人手、二十三其殺之後、三日必復活矣、因此門人悲悼不勝也○二十四當入迦百拏翁、有納稅者就彼

得羅曰尊師有納貢否○二十五曰納彼得羅入屋耶穌開言曰西門何
意耶此世之王納誰人之餉稅或家屬或異人乎○二十六彼得羅曰異
人也曰是則家屬可獨免歟○二十七但免觸犯汝且往海投鈎先上鈎
者取之開魚口著有銀半兩此銀可取之爲我與汝納之也○

第十八章

一節維時門人就耶穌曰在天国者誰卓越乎○二耶穌招赤子立在中
○三問曰吾誠告爾若非感化成如赤子爾不得入天国也○四故凡自
謙似此赤子正爲卓異於天之国也○五凡顧我名接此赤子者卽
接我也○六但誘惑信我小子之一者寧有磨石繫頸溺於海淵矣○七
嗚呼世界爲誘惑之弊蓋誘惑乃所必有惟引人誘惑者貽禍

○八矣、故自手親足累爾、則割去之、與其有雙手、雙足投入永火、寧可殘、跛而進常生矣○九倘眼睛累爾、則挖去之、與其有雙眼、墮落地獄之火、寧可單眼、進常生矣○十慎勿輕忽一小子、因我語爾、在天堂、其神使者恒見在天父之面也○十一蓋人子臨世、爲救所失者矣○十二倘人有羊百隻、而一隻迷失、爾等意想如何、豈非以九十九隻、遺於山野、自往尋所亡者乎○十三幸若遇之、吾誠告爾、爲遇著之羊、必喜過於未曾迷路之九十九隻者○十四如是、一小子泯沒者、非在天父之前有其旨也○十五倘兄弟犯罪於爾、遂往自私、必責其過、其若肯聽、汝幸獲兄弟、○十六不聽、另帶一二人、因以兩三口、供各言安穩矣○十七尚且不聽、則告公會、不聽公會、則視之如異人、稅吏者類可也〇十八吾誠告爾凡所綁縛於地者必綁縛於天又爾凡所放於地者必釋於天焉〇十九我又告爾若爾兩人合意於地凡所求事則吾父在天將允准之矣〇二十蓋不論何處有二三人托我名而集者吾則必在其中矣〇二十一〇當時彼得羅就之曰吾主也兄弟犯我吾當赦之幾多次乎至七次可否〇二十二耶穌曰吾不說七次乃七十乘七次也〇二十三是故天国可比人君要與其臣對算正〇二十四起算間帶來一臣欠銀萬觔〇二十五既無可塡債主命賣自併妻孥及凡所有者以塡債也〇二十六臣伏拜曰請主寛限待吾完繳矣〇二十七其臣之主憐而釋之且免其債也〇二十八此臣既出遇一同僚負債十兩遂擒扭之曰爾所負債可即塾還也〇二十九同僚遂俯伏求曰請寛限待吾盡還矣〇三十其不

肯乃將之禁下獄、待其塾債也、〇三十一且同僚等正見所行、則太憂之、遂來而將諸情報主、〇三十二主招其僕曰、爾惡奴才、方欠大債、既然懇求、吾盡免之、〇三十三豈不當憐同僚、猶吾憐爾乎、〇三十四主遂發怒、解與刑司、待其完繳債也、〇三十五耶穌又曰、汝等各人若非盡心赦免兄弟之罪、卽吾父將待爾亦然、○

第十九章

一節耶穌言訖、去加利利、進猶太境內、卽約耳但河外之地、〇二則有衆多隨之、又耶穌在彼醫之矣、○〇三法利西人來試之曰、因凡故出妻、爲宜否、〇四答曰、爾豈未讀書內所云、當初造人者、造之男女也、〇五則云、緣此人可離別父母、附戀本妻、又夫婦兩人可爲一體也、〇六

如是夫婦非爲兩人、乃合一體耳、且上帝所合者、無人可分也
七曰摩西伸諭、交妻分書出之、何耶。八曰因爾心硬、摩西容爾出妻、
但自當始、非然。九又我告爾、若妻無淫而出之、娶他婦者、則自行
姦、又娶所出之婦者、亦行姦焉。十門人曰、人交妻之事如是、莫若
不娶。十一曰、衆人不能納是言、惟人所賜者、可納之矣。十二蓋有無勢人、
自母胎本然、又有閹人、被人割勢者、亦有爲天國自閹者、即能
取此言者、可取之也。○十三遂有帶孩兒求耶穌將手按之祈禱、然
門人責之。十四耶穌曰、容孩兒就我、勿阻之、因得天國者、乃斯兒
類也。十五遂與之按手、後往焉。○十六卻有人來曰、善師、吾行何善、可享
常生乎。十七耶穌曰、何稱我善耶、善者獨一、乃上帝也、但欲進生、宜

守其誡○十八曰何誡耶穌曰、勿殺、勿淫、勿偷、勿妄證、恭敬父母、愛他
如己○二十少年者曰、此諸倩自幼盡守、還有何缺乎○二十一耶穌曰倘願德
全、在賣家業、賙濟貧窮、則獲財於天、且來從我○二十二少年聞言、憂
然往去、緣家業盛矣○二十三耶穌謂門人曰、吾誡告爾、富人進天国。
難矣哉○二十四吾復告爾駱駝過針眼、比富人進神国者、尤更易事矣。
二十五門人聽此、驚駭不勝曰、誰能得救耶○二十六耶穌顧之曰、人果不能此、
惟上帝無所不能矣○二十七彼得羅曰、吾儕棄諸物、而隨主、吾儕何得乎。
二十八耶穌曰、吾誡言爾、爾等從我、於復興之際、人子坐榮位之時、
爾亦可坐十二座、上審以色列十二支派也○二十九凡爲我名、撇棄房
屋、兄弟、姊妹、父母、妻孥、田畝者、可領百倍、併接永生矣○三十然多人

首先將退尾後並尾後者可升首先也、

第二十章

一節 夫天之国正像家主、淸早出街僱人入葡萄園、○二與工人相約、日給一錢、差入葡萄園矣、○三上午再出、見有他人、虛荇於市、○四又謂之曰、爾等亦入園、又凡所宜者、我給爾也、其人遂入、○五正午又出、下午亦然、且作一般、○六將約酉時、出去、即遇他人閒荇、則語之曰、因何荇此終日閒手乎、○七曰、無人僱我、曰、爾又赴園、凡所宜者、爾等必領之也、○八既晚、園主諭管事者曰、喚其工人、即埜工錢、起由終尾迄於首先者也、○九且酉時被僱者來、各人俱受一錢、○十惟首先者暗想、必領尤多、至時各人亦受一錢矣、○十一受之則嗟怨家主、○十二云此

尾後者、作工一時、然如我一均作之、終日負勞當熱者乎○十三園主
語其一人曰、友乎、吾不以非義待爾、豈非相約、日給一錢乎、○十四今
所有者、取之往去。吾願給此尾者、如爾也○十五以我本物、隨意施之、
豈非合宜乎、看我乃善、爾眼豈惡乎○十六如是尾後者、成爲首先、而
首先者、墮爲尾後也。蓋被招者多、惟彼擇者少也○十七耶穌將赴
耶路撒冷、路上私接語十二門人、曰、十八夫我上耶路撒冷、又人之
子必解到祭司、書士等之手、被定死罪案、十九後解異族類、見戲、受
撻、及釘十字架、惟第三日必復生矣○二十且西庇太二子之母、陪
兒同來、伏拜耶穌、自有所求○二十一耶穌曰、爾欲何求耶○曰、此二子、在
主之国以一子坐在右、一在左也○二十二耶穌曰、爾不知所求者、吾將

飮之杯、爾豈能飮吾受浸禮、爾豈能受、曰能、○二十三曰汝飮吾杯及吾所受之浸禮、卽汝亦受其浸禮也、但坐我左右、非吾可賜、卽乃我父也所預定者。○二十四十門人聽此、則怨二兄弟、○二十五惟耶穌召來、語之曰、異族之君主治其大人、管束之、乃爾所知也、○二十六但爾中不然、乃汝中欲爲魁者、宜爲爾欲、○二十七又欲爲長者、宜爲爾僕也、○二十八正如人子之來、非爲役人、乃爲人役、而捐軀以爲贖人多矣。○二十九既出耶哩哥、衆多隨之、○三十夫有二瞽坐於路旁、聞耶穌經過、則呼喊曰、大辟之子、吾主乎、恤憐我矣、○三十一衆人責示緘口、惟瞽者愈喊曰、大辟之裔、吾主乎、祈矜憐我矣、○三十二耶穌止步、喚之來、曰、爾等欲我何爲耶、○三十三曰、祈主開目矣、○三十四耶穌憐之、摸眼、眼卽再見、而其人從耶穌矣。

第二十一章

漸近耶路撒冷、來伯法其、到橄欖山時、耶穌差二門人、○二諭之曰、往對面鄉、即遇驢母羈住、驢子同在、解之牽來也、○三倘有人言語、可云吾主須用之、其即必差之也、○四此皆得成、以驗先知師之言語、○五云告明句女啣爾君王臨汝、溫柔騎驢、即畜牲子也、○六門人遂往、循耶穌之命而行、○七即牽驢母子、驢上掛衣、扶耶穌騎焉、○八又大衆鋪衣在路、他人斫木之枝、撒之於路上、○九又前往後從衆人呼曰、萬福歸大辟之子、因上主之名而來者福矣、萬福歸之於上處矣○○十既入耶路撒冷、舉城鬧熱、人曰此何人耶、○十一衆曰、此乃加利利地拏撒勒邑之聖人耶穌也○○十二且耶穌進上帝之殿、將殿

內買賣者悉逐之、併換錢者之桌、賣鴿者之椅、悉推倒、十三 曰經云、
吾室必稱祈禱之室、惟爾變之爲盜賊之巢矣。十四 ○且瞽者跛者
殿內就之、惟耶穌療之。十五 ○且祭主書士等見其所行非常、又聽殿
內孩童呼云、萬福歸大辟之子、則發怒、十六 謂耶穌曰、此等所說者、
爾豈不聞乎。耶穌曰、是也、經云、由孩兒哺乳之口、我成讚美者、
爾豈未讀乎。十七 ○耶穌遂離之、出城往伯大尼邑而宿彼。十八 ○次早
十九 回城、耶穌覺饑、路旁見着無花菓樹、就之、但不着其菓、只葉而
已、故謂之曰、此後永無結菓焉、瞬息樹枯矣。二十 ○門人看之、吃驚
曰、其樹頃間時枯哉、二十一 耶穌答曰、吾誠告爾、倘有信德、並不疑、卽
不獨其無花菓之事而行、乃雖語此山、往去投海、亦得成焉、二十二 又

不論何事、若祈禱而求、且信、則可承之也。○二十三耶穌入殿、正教訓
之間、祭主民之長老等就之、曰爾以何權行此、卻封爾是權者
誰耶、二十四耶穌答曰、吾亦問爾一句、若此可言、吾亦告爾以何權行
是也、二十五約翰之浸禮由何、抑由天乎、抑由人乎、其相議曰、若云由
天、必曰因何不信耶、二十六若云由人、吾乃畏眾、因眾敬約翰為聖人
也、二十七卽對耶穌語之曰、不知也。耶穌曰吾亦不告爾以何權行是
也。○二十八惟爾何意耶、或人有二子、就其長曰、兒往今日在葡萄園
作工也、二十九對曰不肯、惟後悔悟而去、三十就次子、亦言如是、對曰主吾
肯、惟其不去、三十一今二子之中、誰遵父命乎、曰長子。耶穌曰吾誠告
爾、稅吏娼妓等先爾進神国矣、三十二蓋約翰就爾以義道、爾又不信

惟稅吏娼妓等信之、又爾見此、後亦不悔而信之也。〇三十三耶穌曰
另聽比喻、某家主栽葡萄園、四面圍籬笆、中間掘酒醡、建樓租
之與農人、遂往他處去矣、三十四臨菓之期、差役見農、得受其菓、三十五惟農
夫捉役撻一、殺一、以石擊一也、三十六復差他役、比前尤多、惟待之一
三十七然、後遣其子至之、云其必敬畏吾子矣、三十八惟農夫見其子、則相議
云此其子、嗣不如殺之、且據其家業矣、三十九故捉之、推出葡萄園而
殺之也、四十夫園主既來、如何處治農夫耶、四十一曰痛剿那惡黨、將其園
租他人、照時納菓者也、四十二耶穌曰爾豈未讀聖錄所云、工師所棄
之石、御成爲屋隅巨石、行是無非至上主而奇哉、在吾眼矣、四十三是
故吾言、神国必奪於爾、轉與他民所結其菓者也、四十四有人跌此石

上者必見破惟此石落於人者必碎之也○四十五且祭主法利西徒聽
此比喻遂覺其言指已四十六故謀捉耶穌惟懼衆庶因無不以耶穌
爲聖人矣○

第二十二章

一節耶穌應答復設比喻曰○二天国正像君王爲子設婚宴○三遂差其役
邀婚宴客惟不肯來四再遣他役云告諸客知御我宴備便我牛
隻肥畜已宰悉皆備矣請赴宴也五惟彼忽略往去有人往其田
有人去買賣矣○六其餘捉役凌辱誅戮之也○七王聽則怒遣出兵卒
九剿其兇手盡焚其邑也○八後語諸役曰婚宴果便惟賓客不堪焉
可往通路之街請凡所遇者赴宴也○十其役出街集凡所遇者不

論善惡、致客滿宴處也、○十一王入觀客、而看一人、不穿宴禮衣服、○十二故
語之曰、友無宴衣、何如進此乎、惟其不言、○十三王則命隸曰、綑其手
足、逐出極暗之所、彼有哀哭切齒矣、○十四蓋奉召者多、見選者少也。
○十五維時法利西徒去、計謀、或以言語可累耶穌、○十六遂差本徒與希
羅得黨者、就之、曰、吾知師乃眞人、誠傳上帝之道、并不理何人、
不顧人之體面、○十七是故語我何意、進貢皇帝宜否、○十八惟耶穌看破惡
計、曰、噫奸詐之人乎、因何誘我、○十九以進貢之錢、請給我看、遂帶錢
一文與之、○二十耶穌曰、是像號原屬誰乎、○二十一曰、屬皇帝、曰、屬皇帝之物、
進之皇上、所屬上帝之物、奉之上帝也、○二十二聽者卽奇離之往去矣、
○二十三當日撒督之徒、所言云無復活之理、○二十四來問耶穌曰、師、摩西昔

云人無子而死則弟可娶兄嫂爲兄生子也夫在吾中有七兄弟其長者娶妻無子而故遺其寡妻與弟矣第二三至第七亦然衆後婦人亦死矣故復生之際七人之中誰得此妻因諸人娶之也耶穌答曰爾不知聖經不曉上帝之能者莫非錯也夫復生之際人無嫁娶乃爲如神使在天者也至死者復生之理爾豈未讀上帝所言云吾乃亞伯拉罕之上帝以撒之上帝耶哥伯之上帝也夫上帝非死人乃生人之上帝也衆聽之則因其道駭異也〇惟法利西徒聽耶穌塞撒督門生之口則集會也其中一名爲法士者試耶穌問之曰師也律例諸法孰爲大耶耶穌曰當以全心全动併全意思敬愛上主爾上帝者也斯

諸法、之首大也[三十九]次法似之、當愛他人如己焉[四十]斯二條法、包括全律與聖人之道矣○[四十一]法利西徒既集耶穌問曰、[四十二]爾論基督、有何意耶是誰之子乎曰大辟之子也[四十三]曰然則大辟感聖神所言如何稱之爲主耶[四十四]曰上主語吾主云、坐我右手待以爾仇置爲爾腳踏、等言也[四十五]倘大辟稱基督爲主焉能爲其子乎[四十六]然無人可答之一句又自此日以後無人敢問之何事也○

第二十三章

[一節]維時、耶穌語衆庶兼門人曰、[二]書士法利西徒坐於摩西之位、[三]故凡所命爾者必守且行也[四]但其所爲者切勿效焉因其言而不行矣其將難負之重任而綑縛何人肩上惟自己一指不肯動

之也、五諸行爲、惟作致人得見、又濶其佩經、長其衣邊、六所好者、只
筵宴之高位、公學之首座、〇七市上接慶賀、爲人稱夫子、夫子也、〇八然
爾勿取夫子之名、因爾先師乃一、即基督者、又爾皆兄弟也、〇九又
地上之人、勿稱神父、因爾神父乃一、即在天者、〇十併勿冒名先師、
因爾先師、乃一、即基督者也、〇十一爾中至長者、當爲汝僕、十二凡自高者、
必降卑也、惟自卑者、可昇高也〇十三哀哉書士法利西徒、僞善之
類、因盡吞寡婦之家業、佯多念經、是故必服罪尤大也〇十四哀哉、書
士、法利西徒、佯善者、因爾鎖閉天国、除人、爾自不進入、其欲入
者、爾又禁之也〇十五嗟呼、書士法利西徒、假善者、因週巡山海、招一
門徒、既得之、比爾兩倍爲地獄之人也〇十六哀哉、爾瞽引路者、因爾

常云、指神殿發誓者、終無事也、惟指殿裡之金發誓者、則責成
也。○十七、噫、瞽呆者乎、孰大、抑金乎、抑殿乎、卽金者、緣殿成聖也。○十八爾又
云、指壇發誓者、則無干也、但指壇上之禮物發誓者、則責成也。
十九、噫、瞽呆者乎、孰大、抑禮物乎、抑壇乎、因禮緣壇成聖也、二十是故指
壇誓者、則以壇及壇上之諸物而誓也、二十一又指殿發誓者、則以殿
及住殿內者而誓也、二十二又指天發誓者、則以上帝之位、並坐位上
者而誓也。○二十三嗚呼、書士法利西徒、偽善者乎、盍爾以薄荷、八角、馬
芹等菜抽十分之一、二十四惟法之最要、仁義信德者、爾不留意也、然
此當行、彼無不行矣、瞽引路者乎、小蚊則濾出、駱駝則吞也。○二十五噫、
書士法利西徒、偽善者乎、因爾盤碗外洗清、內滿勒索邪淫也。

〇二十六噫、爾昧心之法利西徒、先淨盤碗之內、則其外自然清也。〇二十七吁嗟、書士法利西徒僞善者乎、爾正似粉白之墓、在外者有美看、惟內滿枯骨悉爲汚穢也。〇二十八如是爾外現與人爲義、惟內一滿以奸詐也。〇二十九嗚呼、書士法利西徒僞善者乎、爾建聖人之墓、修整義人之塚、〇三十又云、我若在祖宗之日、吾不串謀流聖人之血矣。〇三十一如此爾等自證乃殺聖人兇手之後裔也。〇三十二但汝得滿宗祖之度量也。〇三十三噫、惡蛇毒虫之類乎、地獄之刑焉能避乎。〇三十四故吾卻遣聖賢書士至爾間、有人爾將殺之、釘十字架、間有人爾將打于公學、追捕自此城到彼城、〇三十五世所有流義人之血、如此皆歸爾矣。自義人亞別之血至巴喇家之子撒迦哩亞之血、爾所戮在殿堂祭壇

三十六之間者、吾誠告爾、此皆必歸此世代之人也。〇三十七噫耶路撒冷乎、
耶路撒冷乎、所殺聖賢、以石擊奉差到汝者乎、屢次吾願聚集
爾子、似雞母集雞子翼下、惟爾不肯矣。三十八卻爾屋將遺荒廢也。三十九然
吾告爾、以後不得再見我、迄爾云奉主名而來者有福矣。〇

第二十四章

一節耶穌出殿去、門人就之、指殿之宇。二耶穌謂之曰、爾看此諸情乎、
吾果告爾、將來不遺爾石相連、乃盡毀壞矣。〇三耶穌正坐欖
山上、門生私就之曰、告我此事何時將至、又爾降臨、併世之末、
將有何兆乎。四耶穌答曰、慎重、勿爲人迷惑。五蓋多將冒吾名而來、
自稱基督、欺騙多人。六又爾將聞交戰之聲、相殺之音、切勿驚怖、

諸事必有、乃時期未窮○七然民將攻民、国必征国、隨處必有饑荒、瘟疫地震焉、八凡斯乃艱難之始矣。○九○當時人將解爾受苦、又殺爾、又因吾名見恨於諸国也○十便多人必見怪互相怨恨、十一又多偽師將起迷惑不少、十二因狂悖至極、則多人之愛情漸冷矣、十三惟恒心至終者、可得救也○十四且天国之嘉音、必宣明普天之下、徵諸庶民、然後世末必至矣○十五勤讀聖書、聖人但耶利所言、指可惡之殘害、既見是災立於聖處、十六則在猶太国人、可避山野、十七在屋頂者、勿降下收家物也、十八併在田庄者勿歸家拾衣也、十九當日可惜懷孕及哺乳者○二十必須祈禱、免逃避於冬天之時、安息之日○二十一當時必有大災、自開闢天地以今未有之、又後不得有者也○二十二倘不減少該日、無人得保全、但爲選民之好、其日必減少也○二十三當時有人告爾、卻基督在此、基督在彼、勿信、○二十四蓋假基督及僞聖將興、示出浩大異蹟、奇表、設使得爲、亦迷惑選民、○二十五卻吾先告爾矣、○二十六是故有人告爾、卻基督在野、則勿出、卻基督在密房、則勿信之、○二十七蓋比之電光由東出閃至西、人子之臨正如是矣、○二十八夫身屍所在、神鷹聚集焉○二十九當難之日後、猝然太陽變暗、太陰不發光、星宿自天墜地、天勢震動、○三十方人子之兆、必現於天、諸国萬民必哭於地、遂仰人子、以大勢煌榮昇天雲而來、○三十一差諸天使、太吹響號筒、四方聚集選民、四方由天邊及其涯而來○三十二由無花菓樹可明比喻、既見枝嫩萌芽新葉、方知夏近邇矣、○三十三如是爾等見斯諸情、可知事近、方在門口矣、三十四吾誠告爾、此世代未逝、待諸情驗成也、○三十五天地可廢、惟吾言不廢矣、○三十六其日期並無人知之、天使亦不知、獨吾父知之矣、○三十七正如挪亞之日、人子之臨亦如是焉、○三十八蓋如此洪水之先、其飲食嫁娶、待挪亞入巨舟之日、三十九不覺洪水驟至、而盡除衆人矣、人子之臨亦然、四十當時兩人在庄、擒一放一、四十一二婦磨粉、捉一釋一、四十二故當儆醒、因不知汝主來之時也、○四十三可知家主若預料何更賊至、則必守更、不容鑿屋、○四十四故此汝亦當預備、因不料之時、人子將來也、○四十五孰乃忠臣賢僕者、主所托管家人、隨時供糧與之也、四十六主若偶至、見之是行、則其僕有福矣、○四十七吾誠告爾、主將托之全業之事也、○四十八倘若惡僕、暗想道東家將遲至、始打同家人等、四十九遂陪諸酒徒飲食、五十則不料

之日、不知之時、該僕之主偶至、又必碎剮其僕、置之同奸詐彼
有哀哭切齒矣、

第二十五章

一節 夫天国可比童女十人、皆取燈火、出迎新郎、○二其中智者五人、愚
者五人、○三其愚者取燈、無帶油、○四其智者連燈器內帶油也、○五新郎延
至、皆睏睡矣、○六半夜喊號、新郎御至、出來迎接之、○七該諸童遂起、修
整燈火、○八愚者對智者曰、吾燈皆滅、請分我油矣、○九智者答曰、不可
恐爾我不足、寧可往去、向賣油者買爲已用也、○十既往買時、新郎
方至、其預備者入婚宴、門遂鎖矣、○十一後其餘童來云、吾主吾主、開
門、○十二主答曰、吾誠告爾、不識爾矣、○十三故宜儆寤、因不知人子將來之

時日也、十四然如一人要行程、招本僕、托之本業、十五有人托銀五擔、有
人托兩擔、有人托一擔、每人依其本能、隨即起程矣、○十六其奉五擔
者往去貿易、另賺五擔、十七其受二擔者、亦賺二擔也、十八惟受一擔者、
往去掘地、埋藏主銀矣、十九久後、其僕之主即來、與之對數、○二十其受五
擔者來、另帶五擔、云主托我五擔、卻吾加利五擔矣、○二十一主曰善哉
忠臣好僕、爾理少者、既然盡忠、吾必昇爾理多也、可入享爾主
之樂也、○二十二其受二擔者來、曰主托我二擔、卻吾另賺二擔、○二十三主曰善
哉忠臣好僕、爾理少者、既然盡忠、吾必昇爾理多也、可進爾主
之樂也、○二十四又受一擔者來、曰吾識主乃硬心之人、所未播者收之、
所未撒者斂之、二十五故吾畏懼、往藏擔於地、今將本物歸主矣、○二十六主曰、

惡懶之僕、既知吾所未播者收之、所未撒者斂之、當以我銀投
入銀店、待吾來時、可得本錢兼利息也、○二十八可奪其一擔交有十擔
者、二十九蓋凡所有者、將加賜之、令其豐盛、惟未有者、就其所有、將奪
之去矣、○三十夫無益之僕、逐出極暗之處、在彼有哀哭切齒矣、○三十一人
子盛榮、偕諸聖天使、自天降臨、坐其榮位之時、三十二萬国必集其臺
前、區分相離、猶牧者別綿羊、離其山羊矣、三十三右列綿羊、左排山羊
也、○三十四方王將語右列者、曰吾父所祝者、可來接嗣天国、即自世基
爲爾所備之国、三十五緣吾饑餓、爾供我食、吾亦口渴、爾奉我飲、吾爲
旅人、爾賜我寓、○三十六吾倮裸身、爾賜我衣、吾有疾病、爾來照應、吾在
監裡、爾來探問也、○三十七義者遂將答云、吾見主飢而飼、或渴而飲、卻

何時乎、三十八 見主旅人而寓、裸身而衣、抑何時乎、三十九 見主染病、抑在監裡、而來探問、又何時乎○四十 王卽應道、吾誠告爾、既施之與、吾兄弟之至小之一者、猶行之與我一般○四十一 王遂語其左列者曰、噫咒咀之類乎、離我退去、落永燒火、此火本爲魔鬼、併其使役而燃者也、四十二 因吾饑餓、爾無供食、吾亦口渴、爾無俾飲、四十三 吾乃旅人、爾無予居、吾亦裸身、爾非賜衣、吾病且禁、爾無照應也○四十四 其必答云吾見主饑餓、口渴、旅人、裸身、染病、監裡、并無服事、主卻何時乎○四十五 主則應道、吾誠告爾、不行之與此徒之至小之一者、則不行之與我也○四十六 且此人必進永刑、惟其義者、必進永生矣○

第二十六章

耶穌講此諸言畢、則語門人曰、越二日、有逾越節之瞻禮、爾所
知也、又人之子將見賣、致釘十字架矣○於此時、祭主書士民
之長老等皆來聚集於祭司元魁稱爲該亞法之院、相謀巧計
擒耶穌而殺之、僉曰、正在節期不可、恐民中作亂○方纔耶穌
寓伯大尼邑、在痲瘋者西門之屋、御有婦人就之、帶玉盒載極
貴香膏、乘耶穌赴席斟油首上也、門人覩之、遂怒曰、此耗費何
用哉、因此香膏可賣高價以濟貧矣、耶穌知之、曰、因何煩婦與
吾所行者、無不善也、緣貧者與爾常在、我無常在、其婦盛油我
身、作此因我塟也、吾誠告爾、普天之下、此福音之理宣講、不論
何處、此一婦所爲者、必記錄之也○十二門生之一、迦掠人名

猶大士遂往見祭主、曰、我願賣師、爾欲給我若干、竟約與之三
十兩銀、十六 由是尋機賣師也○十七 且有除酵節之瞻禮、其節首日、耶
穌門人來曰、預備食宴、願在何處、十八 曰、爾入城裡、對某人曰、師云
時節近至、吾偕門人欲在汝屋行節宴、十九 門人循耶穌之命、備宴
矣。○二十 臨晚、耶穌偕十二門人赴席、二十一 正食之間、耶穌語之曰、吾誠
然說、爾中之一、將賣我矣、二十二 門人甚憂、遂其中各人問曰、吾主是
我否、二十三 耶穌答曰、偕我沉手於盤者、卽此人賣我也、二十四 按聖錄所
載、人子必逝、但賣人子者有禍矣、彼人不生爲幸、二十五 背師者猶大
士語耶穌曰、夫子、豈我乎。曰、是也。○二十六 正食之間、耶穌取餅、祝頌、
擘與門生、曰、納此食之、是吾身體也、二十七 又取酒杯、亦鳴謝賜之、曰、

爾咸飲之、○二十八此乃我血、即新約之血、爲多人而流、得罪赦矣、○二十九且我
告爾、自今以後、吾不復飲葡萄之汁、待吾陪爾之日、飲其新汁、
在神父之国矣、○三十且咏詩後、出橄欖山矣、○三十一又耶穌語門人曰、本
夜爾衆緣我見怪、蓋聖錄云、余將擊牧者、群羊四散矣、○三十二然吾復
生後、必前爾往加利利地矣、○三十三彼得羅答曰、雖衆爲爾見怪、吾總
不見怪、○三十四耶穌曰、吾誠告爾、本夜雞未鳴之先、爾必三次諱我矣、○三十五
彼得羅曰、雖與爾偕亡、必無諱爾也、門人皆說如是焉、○三十六耶穌
陪之、便到一處、名客西馬尼、遂語門人曰、坐此待吾往彼祈禱、
也、○三十七只帶同彼得羅及西庇太兩子、遂始憂悶哀慟、○三十八又謂之曰、吾
心極憂、幾乎死矣、爾等待此陪我儆寤矣、○三十九既進前一些、耶穌伏

地祈云、我父如若使得、則爲我除此杯也、然不如我乃如父願可成也。〇四十且就門人之所、看俱已睡、遂語彼得羅曰、豈不能偕我儆醒只一時辰乎、〇四十一可醒也、祈禱也、免陷誘惑也、心果甘願、惟身軟弱矣、〇四十二再次又往、復祈禱云、父乎、若此杯不得由我除去、乃兒必飲之、父旨成就矣、〇四十三又來、過門人仍睡、因目已倦矣、〇四十四故離之、復往、又再三祈禱、只講同言、〇四十五遂就門人、曰、尚睡且安、已經臨期、彼將人子、而解到罪人之手、〇四十六起來且去、卻其賣我者近矣、〇四十七正說之間、御十二門生之一、人名猶大士來、率大衆、帶刀執棍、爲祭主民之長老等差來者、〇四十八夫背師者、給之暗號、曰、我親嘴者、正是他也、擒之、〇四十九卽就耶穌、曰、夫子慶賀、且親嘴之、〇五十耶穌曰、朋友、因何

來此卽時此人就來、下手擒耶穌矣。○五十一 卻隨耶穌者一人、伸手拔
劍、擊祭司元魁之僕、斷耳。○五十二 耶穌遂曰、還劍其處、因凡將劍者、必
以劍而亡也。○五十三 爾想若何、曷吾不能求父賜余天使十二軍有餘、
嘗乎。五十四 然則聖錄所言此事必成者、焉有效驗哉。○五十五 當時耶穌語衆、
曰、爾來捉我、持刀執棍、如若擒賊乎。然我偕爾日坐殿堂教訓、
爾又不捉我。○五十六 但此事皆成、致聖人所錄、可得效驗矣。○門人遂離
之、悉走矣。○五十七 既捉耶穌、則解到祭司元魁該亞法臺前、書士長
老等、皆集此處矣。○五十八 惟彼得羅遙從耶穌、至祭司元魁之院、入內
偕役坐下、欲看畢竟如何。○五十九 夫祭主長老等、及全公會、招人誣陷
耶穌、致殺之也。○六十 惟不可得之、雖多妄證者來、亦不得之、畢竟二

妄證者、就來曰六十一此人言、吾能毀上帝之殿、三日復建之也。六十二且祭司元魁起來語耶穌曰、豈不答乎、此等告爾者何哉。六十三惟耶穌默然。故祭司元魁答之曰、吾以自活上帝為誓、令爾即言汝為基督上帝之子否。六十四耶穌曰、爾言是也、又吾語爾自此必見人子坐在全能者之右、乘天雲而來矣。六十五當下、祭司元魁裂衣曰、其言褻瀆、另用何證。列位卻今自聽其褻瀆、六十六諸位何意耶。僉曰、該當死矣。六十七且唾耶穌之面、且拳打、掌擊之、六十八曰噫基督哉、可卜我知打爾者誰耶。六十九○惟彼得羅坐在院內、則有一婢就之曰、爾莫非同加利利人耶穌者耶。七十當眾面前、其諱曰、不知爾說何也。七十一○既出門外、又有別女看之、對旁人曰、此人亦陪拏撒勒人耶穌矣。七十二彼得羅再發誓諱曰吾也不識其人矣○七十三頃刻侍立者來對彼得羅曰誠然爾亦其同伴聽爾土音可以露出性○七十四彼得羅開口咒詛言不識其人隨即雞鳴矣○七十五且彼得羅記念耶穌之言先經謂之云雞未鳴之先爾必三次諱我遂出外痛哭矣○

第二十七章

一節早辰時諸祭主及民之長老等會議致殺耶穌○二旣綁牽出解送總督本底阿彼拉多臺前○三且背師之徒猶大士旣見耶穌議定死案則自悔懊以三十兩銀交回祭主長老等○四曰吾賣無辜之血而有罪矣曰與我何干爾可自理也○五猶大士擲銀殿中出而往自縊○六祭主取銀塊曰乃血價捐之銀庫非所宜矣○七故此相

議而將此銀買陶人之田、以葬旅人矣。八是故彼田稱爲血田、迄於今日矣。九如是先知之師耶哩米亞之預言正得效驗云、彼收三十兩銀估人之價、以色列人所估者、十捐之爲陶田、依上主所命我者也。○十一且耶穌立在總督臺前、總督查問曰、爾乃猶太人之王乎、耶穌曰是也。十二時祭主長老等原告耶穌、終無應答。十三彼拉多遂曰、斯人告爾如此多端、豈不聽哉。十四惟耶穌一句不答、致總督大奇矣。十五當是節期、總督任衆意、常釋一囚、十六遂有一梟雄名巴拉巴。十七既集會時、彼拉多問曰、願我放誰耶、抑巴拉巴乎、抑耶穌稱基督乎、十八因總督自知人媢忌解耶穌也。○十九總督坐堂之際、其夫人差人曰、與斯義人汝無干也、葢因是人吾今夜夢中甚慟

心也○二十夫祭主長老等挑撥百姓禀放巴拉巴而誅戮耶穌也○二十一總
督答曰二人之中願放誰耶○曰巴拉巴也○二十二彼拉多曰然則以耶
穌稱基督者宜何行耶衆曰宜釘之十字架也○二十三總督曰其爲何
惡耶○但其愈喊曰釘之十字架矣○二十四且彼拉多看出其言無用但
生愈亂卽當衆面前將水洗手曰因此義人之血我無罪爾可
顧矣○二十五衆民答曰其血歸我及我子孫矣○二十六彼拉多遂放巴拉巴旣
鞭耶穌交出以釘十字架矣○二十七且總督之兵卒耶穌入營招軍
咸會○二十八遂脫耶穌之衣穿着紅袍○二十九旣辮莿冕戴之首上插葦右手
遂跪其前戲弄之曰噫猶太人之王千歲爺○三十後唾之取葦擊首
也○三十一又戲弄之後脫袍再着本衣押以釘十字架矣○三十二正出城外

遇居哩尼人名西門者、遂催之負十字架也。○三十三既至一所、名嶗峨大卽稱爲髑髏之處、三十四遂以醋膽和汁、給耶穌飲。其一嘗、卽不肯飲之也。○三十五纔釘之十字架上、拈鬮分其衣、致驗先知之師語云、其互相分吾衣、爲袍拈鬮。○三十六後坐下看守之也。○三十七併以訟詞插牌首上、錄曰、此猶太人之王耶穌矣。○三十八夫有二賊、一左、一右、同釘十字架。三十九夫經過之人詈罵耶穌、搖首、四十曰、爾毀上帝之殿、三日復建之者、今且自救也。倘乃上帝之子、由十字架下來矣。○四十一祭主書士長老等譏笑亦然、云、四十二其可救他人、不得自救、如乃以色列之王、今由十字架下來、吾等就信也。○四十三其恃上帝、若上帝可愛之、今則救之、蓋自稱上帝之子也。○四十四同釘十字架之賊、亦如是罵之焉。○四十五夫自正午至未末遍地變暗、四十六正未申相交之時、耶穌大聲喊曰、以唎、以唎、啦嗎撒駁吠呢、此言譯出云、吾之上帝乎、吾之上帝乎、因何遺我乎。○四十七傍立數人聽此、曰、其喚以利亞。○四十八一人卽走取海綿一塊、沉醋、插葦給之飲焉。○四十九其餘人曰、任他且看以利亞可來救之否。○五十耶穌大聲復喊、則斷氣矣。○五十一郤殿帳卽裂兩分自上至下、地震磐裂、○五十二又墳墓發開、前眠多聖身屍復起、五十三待耶穌復活時則出墓入聖京、為多人看也。○五十四有千總暨同伴共守耶穌者、既看地震、併所行之事、則惶怖不勝、云此誠上帝之子矣。○五十五彼有多女、自加利利從事耶穌者自遠看之也矣。○五十六內有抹大拉之女名馬利亞、併耶哥伯約西兩人之母、亦名馬利亞、另有西庇太兩兒之母也。○日[五十七]暮有一富人、由亞哩馬太地、名約色弗、亦為耶穌之門人、進見彼拉多、稟求耶穌之屍。[五十八]彼拉多遂諭飭授屍。[五十九]且約色弗取屍、包之淸麻布、[六十]葬之本墓、此墓乃新鑿在石磐中、轉大石塞墓而去焉。[六十一]郤有抹大拉婦名馬利亞、與別女名馬利亞、同坐墓前矣。○[六十二]夫預備節期之次日、祭主法利西徒集聚、見彼拉多曰、[六十三]大人、吾等記念彼哄徒尙生、流言三日之後必復生起。[六十四]故此必須下諭、迨三日、令守墓、免門徒夜來奪屍、而謂民人云其自死復活、則尾後舛錯越發謬矣。[六十五]彼拉多曰、爾有防兵、依汝知日往守之。[六十六]故往守墓、石上封印、使兵防範也。○

第二十八章

一節 安息日後、七日節之首日、天將發亮、有抹大拉婦名馬利亞、偕別女名馬利亞者、來看墓矣。○二 忽然其地大震、蓋上主之使、由天降下、就移石去墓門、而坐石上也。○三 其面似電、其衣如雪皓白也。○四 防墓者見之、驚惶戰慄、成如死人矣。○五 天使答謂女曰、不怕、吾知爾尋耶穌、被釘十字架者、六 其不在此、乃依言復生矣、爾來看主先所葬之處。○七 然急往告其門生、耶穌自死復活、卻前汝往加利利、在彼可見之、卻吾言爾矣。○八 女速出墓、又驚懼、又甚喜、走報其門生矣。○九 剛往報門生、卻耶穌遇之曰、恭喜也、婦女趨前、執足崇拜之也。○十 耶穌遂曰、勿懼、乃往報吾兄弟、可往加利利地、在彼見我矣。○十一 纔去之間、卻有防兵數人入城、以所遇凡情報諸祭主。十二且合長老等、聚會商量、將銀厚賂兵曰、爾等且言其徒夜來、乘我之睡時取屍去也。十四若總督聽此、吾將勸之保爾無事矣。十五兵卒取銀循諭而行、故此言流猶太人之中、至今日也。○十六且十一門人往加利利到耶穌所定之山、十七既見耶穌、則伏拜之、惟有數人尚懷疑矣。十八耶穌臨門人語之曰、在天在地、吾奉萬權矣。十九且爾往以諸民爲徒、因父子聖神之名、施之以浸禮矣。二十凡吾所命爾者教之遵守、卻吾常時偕爾、迄世之末、誠哉是言也。○

馬太傳福音書終